# 中沢新一と吉本隆明

亡きグルのためのパヴァーヌ

土井淑平 Doi Yoshihira

綜合印刷出版㈱

# はじめに

フクシマ原発事故のあと、「反原発で猿になる！」と反原発・脱原発派に罵声を浴びせたのは、吉本隆明であった。それは地下鉄サリン事件後も吉本隆明がオウム真理教の麻原彰晃を「世界有数の宗教家、思想家」と褒め上げたのと、軌を一にするトンデモ発言であった。

その吉本隆明は論壇・文壇の一部で、「戦後最大の思想家」とか「知の巨人」と呼ばれてきたのだから、驚くほかかない。こうした評言は死後まで、あたかも牛のイバリの如く続く。

現在、吉本隆明の全集が刊行中で、国内では相も変わらず、ヨダレクリのような吉本ヨイショの評論や単行本に事欠かない。こうした日本の論壇や批評の世界のお粗末さは、およそ新興宗教のカルト現象と見られても致し方なかろう。

そこには、「クライシス」（危機）に発する「クリティーク」（批評）という批評本来の意味における批評精神はからっきし見られず、言うなれば「鰯の頭も信心から」で吉本の言説なら何でも有難がって黙々拝聴する吉本真理教の中毒症状が露呈している。

わたしは三〇年近く前の『反核・反原発・エコロジー ―吉本隆明の政治思想批判―』（批評社、一九八六年）で、このどこよりダメな国における吉本批判の口火を切った者であるが、二〇一一年の三・一一フクシマ原発事故直後、『原子力マフィア ―原発利権に群がる人びと―』（編集工房朔発行、星雲社発売、二〇一一年）と『原発と御用学者 ―湯川秀樹から吉本隆明まで―』（三一書房、二〇一二年）で、吉本隆明の原発弁護論を徹底的に批判した。

と同時に、『知の虚人・吉本隆明 ―戦後思想の総決算―』（編集工房朔発行、星雲社発売、二〇一三年）では、いわゆる「知の巨人」とは「知の虚人」にほかならず、この戦中派の「右翼」思想家が戦後一躍「新左翼」のスターとして人気を博したキイ・ワードたる、初期の「自立の思想」「大衆の原像」「共同幻想」を完膚なきまでに批判して、いわゆる吉本真理教の成立根拠の仮面を剥ぎ、この〝東海の島国〟の〝ハダカの王様〟を丸裸にした。

今回のわたしの仕事はイラストともども、オウム真理教と原発を擁護して転び自ら墓穴を掘った吉本隆明のベールをはいで、その徹底的な脱神秘化ないしは脱神話化を試みることであった。もう、それで、吉本隆明も吉本隆明批判も終わったはずであった。ところが、実に、ところがだ。ごく最近になって、人気のある評論家の中沢新一がいささかお上品に吉本隆明の第二バイオリンを弾き、トンデモ本の大家の副島隆彦が下品極まりない第三バイオリンを弾いた。中沢新一編『吉本隆明の経済学』（筑摩書房、二〇一四年）、および、副島隆彦トンデモ推薦の吉本隆明遺稿集『「反原発」異論』（論創社、二〇一五年）である。

むろん、いずれも、言うなれば金魚のウンコやタレ流しみたいなものだから、黙殺という手もあった。しかし、それでは、日本の思想や批評の世界は、「お山の大将、俺一人、あとから来るもの、突き落せ」のガキ大将のゴンタの文化遺制を死後ものさばらせてしまう。中沢新一や副島隆彦はゴンタの家来と呼ぶしかない。つまり、鰯の頭のゴンタがカルト宗教の〝真理教〟の教祖に収まって、ブランド批評家やトンデモ批評家の〝後光〟に守られているという構図である。それゆえ、わたしの脱神秘化と脱神話化の試みは、吉本隆明だけでなく、最後まで吉本にしがみついてヨイショしたブランド批評家の中沢新一にまで及ばざるを得なかった。

ブランド批評家でパフォーマンスを得意とする中沢新一は、ちょっぴりしゃれたロマンのお伽話とレトリックの持ち主で、穴倉の中で教祖の説教を黙々拝聴の吉本真理教のシンパのなかでは、とにかく学者の肩書きで自分の意見らしきものを公けにしているという意味では異色の存在だが、危機意識と歴史・政治思想を欠いた批評家という意味では吉本と瓜二つのロマン主義者である。

この機会に、わたしは、第一部で中沢新一編『吉本隆明の経済学』、第二部で吉本隆明がバブルに踊った中沢新一激賞の『ハイ・イメージ論』を中心にした後期の都市論を歴史や政治の見方ともども遡上に載せ、それらを徹底的に脱神秘化し脱神話化して、脱構築というよりも解体構築することにした。

吉本隆明は都市や都市的なものを考察する道具立てを一切欠き、つまり無知からくる無手勝流の独り善がりに終始しているのみならず、『知の虚人・吉本隆明』でも繰り返し強調したように、その歴史思想や政治思想たるやおよそ市民不在の空っぽの〝空洞〟もしくは〝がらん洞〟であって、そこでは自己愛のナルキッソスが穴倉に自閉してひたすら消費を賛美する姿を露呈している。

わたしの解体構築はかれのお得意の「アジア的」大ブロシキや「アフリカ的段階」や「南島論」といった後期のキイ・ワードにも及んだが、それは人類学と歴史学の区別すらわきまえぬ根本的な錯誤に立脚した空論であった。

いずれにせよ、さきの『知の虚人・吉本隆明』、および、吉本隆明を中沢新一ともども徹底的に脱神秘化し脱神話化したパロディたる酔いざましの本書をもって、神がかりの吉本隆明も吉本隆明のエピゴーネンの世界もともに終わった、とわたしは考えている。

# 中沢新一と吉本隆明

## 亡きグルのためのパヴァーヌ

目次

## 第二部　バブルに浮かれた亡きグルの語り
## 中沢新一が絶賛した吉本隆明の仕事の解体構築



イラスト・図表／TETSUYA

# 第一部

## 亡きグルのためのパヴァーヌ

吉本隆明の後追い心中で思想的に殉死した中沢新一

# 第一章　鰯の頭も信心から

## ―オウム真理教の麻原彰晃を礼賛し三・一一後も原発を賛美した戦後批評家

### 亡きグルのためのパヴァーヌ

ラヴェルに「亡き王女のためのパヴァーヌ」という小品がある。これは亡き王女への葬送の哀歌の趣きがあるが、パヴァーヌはヨーロッパの宮廷で普及していた舞踏を意味するらしい。この曲の入ったレコードがたまたま家にあったため、わたしは少年の時分に繰り返し聴いたものだ。なにか胸に迫ってくるような物悲しくも哀切なメロディに引き込まれたことを思い出すが、そのころわたしは山陰の田舎から進学して都会の荒波で生活することを目指していたので、そんな哀歌のノスタルジアのような世界にうしろ髪を引かれていては駄目ではないか、との不安がちらっと頭をよぎったこともかすかに覚えている。

中沢新一編『吉本隆明の経済学』（筑摩書房、二〇一四年一〇月）を一読した。直ちに「亡きグルのためのパヴァーヌ」の言葉が頭に浮かんだ。タイトルは『床屋政談の経済学』ないしは『床屋の経済談義』とすべきだと思うが、床屋政談の熊公八公のあけっぴろげな快活さもない、まことに退屈な辛気臭い本である。これは中沢新一が亡きグルに捧げる〝虚無への供物〟と言うべきだ。本書をもって、中沢新一は吉本隆明の後追い心中で、思想的に〝殉死〟したに等しい。

それにしても、明治以来のドイツ流の講壇哲学の尻尾をつけた駄文を、よくこれだけ落穂拾いか馬糞拾いみたいに集めたものだ。中沢新一というのは、よほどヒマな人間なのであろう。自分の研究や仕事のテーマがあったら、こんな辛気臭い駄本を編集している時間はないはずだからである。

中沢新一は『吉本隆明の経済学』のノッケからヨダレをタレ流している。「それはまったく独自な経済学であり、強いてその精神において類似のものを探してみても、経済学をめぐるジョルジュ・バタイユの晩年の思考くらいしか、思い当たるものがない」「そこからはマルクスのものとも近代経済学のものともケインズのものとも異なる、ほとんど類例のない理論的な見通しが得られることになった」「吉本の経済学思考には、資本主義の全歴史とその未来を長大なスパンで見通す、すばらしい透視力が備わっている」と。

いやはや恐れ入ります。まさに「鰯（いわし）の頭も信心から」である。一九六〇年代の安保・全共闘世代の熱心な吉本ファンならいざ知らず――わたしはこの人たちを「吉本真理教」の「信者」と呼んでいるが――いまどき、吉本隆明のお説教を黙々拝聴する人間は少ないであろう。

## オカルト宗教まがいのオウム真理教と原発真理教の教祖

いったい、吉本隆明とは何者なのか？この問いに対して、わたしは明快に二つの答えで返したい。すなわち、オカルト宗教まがいのオウム真理教と原発真理教の教祖である、と。

まず第一に、二〇一一年三月一一日の東日本大震災に伴う福島第一原発事故が勃発するや、インタビューした『毎日新聞』（二〇一一年五月二七日夕刊）の記者の伝えるところでは、まるでゾンビのようにインゴリモ

四つんばいで原発にしがみつく
「戦後最大の思想家」!?

ンゴリと衝撃的に「四つんばいで現れた」「全身思想家」の吉本隆明は「科学技術に退歩はない」とのたまい、超右翼の雑誌『撃論』（二〇一一年一〇月）にも、自民党代議士の故・町村信孝や元自衛隊航空幕僚長の田母神俊雄らと登場し、「反原発は文明の放棄だ」とゲキを飛ばした。

この『撃論』には、田母神俊雄「福島の放射能避難は、〝平成の強制連行〟だ」、東工大助教の澤田哲生「左翼の〝恨〟原発運動に頭をやられた日本人」、自民党代議士の西村真悟「沖縄戦を冒涜する大江健三郎は赤い祖国へ帰れ」、といったおっかない超過激な撃論がズラリと並んでいる。その後、田母神が東京都知事選に立候補して、つい最近、選挙違反で逮捕され、町村が病気でなくなったのは、周知の通りである。

吉本自身は軍服こそ着ていないものの、若かりし頃の戦中派の軍国青年の心境から、原発の弁護の背景と動機を率直にこう語っている。「戦争末期は、全部が敵対国という状況の中、単独でアジアの解放に専念してやったんだ、やれるだけのことは全部やったんだという自負心を敗戦後に補ってくれるものは戦後の発展しかなかった」。その「象徴の一つ」が「最先端技術の結晶である原子力発電」だったと振り返るのだから、吉本隆明の自己理解では太平洋戦争は「アジアの解放」のための戦争で、その「アジアの解放」の戦後版の発展の産物が原発だったということになる。

## 「反原発で猿になる!」「麻原彰晃は世界有数の宗教家」なる稀代の迷文句

しかし、何と言っても、三・一一以後の原発擁護で吉本隆明の声価を決定づけたのは、『週刊新潮』（二〇一二年新年特大号、一月五・一一日合併号）で「反原発で猿になる!」、と猿のように吠えた〝辞世の句〟であろう。すなわち、吉本隆明はこの〝辞世の句〟をもって〝原発特攻隊員〟として、わが〝日の丸原発〟を熱烈に擁護しつつ〝原発で殉死〟した奇特な人物となったのである。

　これについては、わたしの『原子力マフィア』、『原発と御用学者』、および、『知の虚人・吉本隆明』で、吉本隆明の言説と論点を具体的に挙げて、グウの音も出ないほど徹底的に批判し論破したつもりなので、興味のある読者は参照されたい。

　つぎに、三・一一フクシマにさかのぼる一六前の一九九五年三月二〇日の地下鉄サリン事件の大惨事のあと、吉本隆明は『超資本主義』（徳間書店、一九九五年）で、オウム真理教の麻原彰晃を「世界有数」の「宗教家」「思想家」と九天の高みに持ち上げてホメそやし、この考えを一度も訂正しないどころか、ヘリクツを並べて居直った稀有な人物である。

　日本の戦後史の重大な出来事たるこの社会的事件に、こうした特異な対応をした人物が驚くなかれ、「戦後最大の思想家」「知の巨人」と担がれてきたのである。その「戦後最大の思想家」とやらが、地下鉄サリン事件後もオウムの教祖の麻原彰晃を礼賛し、三・一一のフクシマ原発事故後も原発を「科学技術の進歩」「文明の進歩」の名で賛美したのだから、国内的にも国際的にもまったく申し開きのできない、日本の戦後思想史上の〝一大醜聞〟つまり〝スキャンダル〟と考えるべきである。

　吉本隆明は太平洋戦争の戦前・戦中に熱烈な〝愛国少年・右翼青年〟

「反原発で猿になる！」

麻原彰晃は「世界有数」の「宗教家」「思想家」!!

だった戦中派の生き残りだが、戦後の一九六〇年安保闘争と六〇年代末の全共闘運動で一転新左翼を支持して人気評論家となり、一九七〇年代以降の資本主義美化と右傾化容認の言説にもかかわらず、六〇年代安保・全共闘世代のシンパたちから、古き良き時代のノスタルジーも込めて、「戦後最大の思想家」とか「知の巨人」と呼ばれ続けてきたのである。

その末路たるや、地下鉄サリン事件を起こしたオウム真理教の麻原彰晃を『「世界有数」の「宗教家」「思想家」』と礼賛し、三・一一フクシマ原発事故後も原発を賛美し、猿の遠吠えのごとき〝辞世の句〟を残して惨めにも〝原発で殉死〟したのだから、いったい戦後思想とは何だったのか、とあらためて問われる語るに落ちた話である。

## 〝東海の島国〟の〝ハダカの王様〟

いや、「オウム」と「原発」は吉本隆明の晩年の〝アキレスの踵〟にすぎず、そのかくかくたる〝知の巨人〟の業績は長嶋茂雄の読売巨人軍のように〝不滅〟である、そのまぎれもない証拠として中沢大先生の編集による『吉本隆明の経済学』があるではないか、と吉本真理教の信者たちは弁解するでもあろう。

しかしながら、これまたわたしが『知の虚人・吉本隆明』で「自立の思想」「大衆の原像」「共同幻想」といった、六〇年代安保・全共闘時代にさかのぼって吉本隆明が人気を博したキイ・ワードを徹底的に検証して批判し、何のことはない「知の巨人」が「知の虚人」という〝東海の島国〟の〝ハダカの王様〟にほかならないことを明らかにした通りだ。それ以上でもそれ以下でもない。

日本には「鰯の頭も信心から」という諺がある。つまり、鰯の頭のようなつまらないものでも、信心しだいで尊く有難いものに見えるわけである。これこそ、吉本真理教の信者たちの心性であり、吉本隆明の床屋政談の経済談義をマルクスやケインズと肩を並べ、それを越えさえすると駄法螺を吹く中沢新一の有難き〝御神体〟である。中沢新一は〝吉本大尊師〟つまり尊きグルの後追いで古風にも〝殉死〟したのである。

# 第二章　その内容と記述の形式
## ――チベット密教から吉本真理教につながる密教の秘伝の伝授

### チベット密教に代わって吉本真理教の秘伝の伝授という形式を取ったグルへの帰依

中沢新一編『吉本隆明の経済学』を一読して、まずこの本に収録された吉本隆明の文章の出典と日付に規定される文脈を離れて、もっともらしい普遍めかした抽象的な解説を付していることに、わたしはいかがわしさやうさん臭さというよりも、吉本真理教の尊師を有難くアタマに担ぐ信者の一人、中沢新一の心性と方法の秘密を見ないわけにはいかなかった。

テクストはコンテクストによって規定される。テクストの意味はコンテクストに照らして検証されなければならない。ここからテクストの考証や批評も生まれるはずだ。しかるに、『吉本隆明の経済学』

のようなコンテクストのないテクストは、言ってみれば麻原彰晃の〝空中浮揚〟の〝演し物〟のようなものである。

吉本隆明が麻原彰晃の言説というテクストを、オウム真理教の地下鉄サリン事件という歴史的かつ現実的なコンテクストから切り離したように、中沢新一は吉本隆明のテクストをコンテクストから切り離し、密教の秘伝に類するものを〝普遍的〟な〝真理〟であるかのように装い、あたかも麻原彰晃の〝空中浮揚〟の〝奇跡〟のごとく見せかけようとしたのだ。

このやり口はいまに始まったことではない。その典型は、中沢新一が瞑想修行を受けたチベット密教ニンマ派の秘伝の伝授という形式を取った、ラマ・ケツン・サンポの口述記録『虹の階梯　チベット密教の瞑想修行』（平河出版社、一九八一年）、あるいはまた、「ニューアカデミズム」の名で持てはやされた『チベットのモーツアルト』（せりか書房、一九八三年）である。見逃してならないのは、そのチベット密教の秘伝の伝授において、修行における徹底した「グル」（チベット語では「ラマ」）への帰依、および、オウム真理教の殺害で知られるようになった「ポア」の技法が強調されていることだ。

ひるがえって、中沢新一編『吉本隆明の経済学』もまた、チベット密教に代わって吉本真理教の秘伝の伝授という形式を取っている。変われば変わるほどいよいよ同じと言うべきか。これは有難きグルへの称賛だから、わたしは中沢新一を学者とは呼ばないと言うのだ。

『チベットのモーツアルト』では、ジュリア・クリステヴァやジル・ドゥルーズといったフランスの現代思想から、ソフィスティケーテッドされたハイカラな修飾語を引っ張ってきて、密教の秘伝の伝授をオブラートに包んできらびやかに飾っているが、同じようなことを中沢新一は吉本真理教の秘伝の伝授でも繰り返しているのだ。

## 学者の仮面をかぶって宗教のカリスマを自ら演じたロマン主義のデマゴーグ

こうした批判はわたしだけの独断ではない。たとえば、若き宗教学者の太田俊寛が『オウム真理教の精神史』(春秋社、二〇一一年)で、中沢新一のチベット密教の修行体験をもとにした『虹の階梯』や『チベットのモーツアルト』に寄せて、これらの仕事は「宗教の研究者」によるものではなく、「宗教の側に立ってその魅力を喧伝する役割」「自分自身が思い描く甘美な宗教的イメージの魅惑を喧伝するデマゴーグ」のものだとして、つぎのように喝破した通りだ。

「二〇世紀後半のポストモダニズム、そして日本におけるニューアカデミズムの運動は、ロマン主義と同種の反近代主義を基調としており、……ポストモダンのイデオローグたちはしばしば、自覚的にせよ無自覚的にせよ、そうした不可視の時空を感知する特別な能力を持った一人のカリスマであるかのように振る舞ったのである」。

わたしに言わせれば、日本のポストモダンやニューアカは、およそ「運動」などといったシロモノではなく、せいぜい「流行」を追う雑誌メディアの造語にすぎないが、あたかもカリスマのように振る舞った中沢新一の言説と行為に、「麻原と中沢のあいだに共鳴が生じた原因や、当時の代表的知識人がオウムを適切に批判できなかった原因があると思われる」、との太田俊寛の評言は当たっている。

太田俊寛も指摘した通り、そもそも中沢新一は批評精神をもった宗教学者ではなく、チベット密教からオウム真理教へと至るまで、学者の仮面をかぶって宗教のカリスマを自ら演じようとしたデマゴーグだったと言える。「中沢が自ら密教の修行を実践したということについては、それは従来の宗教学や人類学で行われてきた「参与観察」の範疇にかろうじて入ると言うこともできるだろう。しかし通常の研究であれば、参与観察によって得られた知見に対し、歴史的背景や学問的理論に照らして分析を行い、対象を客観的に把握することが目指されるわけだが、中沢が行ったのはその種のことではなかった」。

当時の煩悩する青年だった中沢新一が、太田俊寛のいわゆる「チベット密教の修行やグルへの帰依によって、自分が納得できる世界観や精神的安定を得ることが何よりの目的だった」かどうかわたしは知る由もないとはいえ、少なくとも中沢新一が「きわめて確信犯的な仕方」で「ミイラ取りがミイラになった」ことは間違いない。

吉本隆明は文庫本の『チベットのモーツアルト』（講談社学術文庫、二〇〇三年）の「解説」で、それが「精神（知）の考古学」の技法を使ってチベットの原始密教の精神過程と技法に参入し、その世界を解明しようとした最初の試み」と持ち上げているが、「ミイラ取りがミイラになった」のはチベット密教のときに限らず、中沢新一の吉本真理教のグルへの帰依も似たようなものだ。

二〇一二年六月、地下鉄サリン事件の殺人容疑で逮捕された指名手配犯の高橋克也の潜伏先の部屋から、文庫本の中沢新一著『三万年の死の教え　チベット『死者の書』の世界』（角川文庫、一九九六年、単行本初版一九九三年）が見つかったとのニュースを目にして、わたしたちはあらためて中沢新一が麻原彰晃らオウム真理教の信徒たちに与えた影響の大きさを思い知らされたものである。

## オウム真理教の坂本弁護士一家殺害を否定する〝広告塔〟の役割を果たした中沢新一

わたしが『原発と御用学者』でも指摘したように、その中沢新一は一九八九年一一月のオウム真理教による横浜の坂本弁護士一家殺害の直後、ごていねいにも『ＳＰＡ！』という雑誌で日本出国直前の麻原彰晃に独占会見して、坂本弁護士一家失踪事件で当時疑惑の渦中にあったオウム真理教の犯行を否定する〝広告塔〟の役割を果たしたのである。この事実は歴史から抹消することなく、記憶と記録にとどめておく必要があるので、もう一度そのときの言葉を引用しておこう。すなわち、中沢新一を「先生」と呼ぶ麻原彰晃が坂本弁護士一家の失踪事件について、「あの事件についてはオウム真理教はまったく関係がない」と犯行を否定したことを受けて、中沢新一いわくである。

「では〝尊師〟は〝先生〟を前に、はっきり否定なさるわけですね」「わかりました。もうこの問題には立ち入りません」「宗教がそのニヒリズムを突き破って、生命と意識の根源にたどりつこうとするならば、どうしてもそれは反社会性や、狂気としての性格を帯びるようになるのではないでしょうか。ですから、その点については、オウム真理教の主張していることは、基本的に、まちがっていないと思います」（『ＳＰＡ！』一九八九年一二月六日号所収の中沢新一の独占会見「〝狂気〟がなければ宗教じゃない」）。

中沢新一は地下鉄サリン事件後の「オウム真理教信者への手紙」（『週刊プレイボーイ』、一九九五年五月三〇日号所収）で、麻原彰晃に会ったときの印象として、「この「最終解脱者」を自称している人物が、並々ならぬ知性の持ち主であること」「宗教家というよりも、革命家のような口調で…（現代日本にも）ラジカルな宗教家が、はじめて出現することになった」「この人はなにか新しいことをしでかす可能性を持った人かもしれない」との印象を持ったと語っている。いかにも「新しいこと」つまり「地下鉄サリン事件」をしでかしたわけである。

オウム真理教のネタ本が中沢新一の『虹の階梯』であることは周知の通りで、チベット密教の教えのなかでも「タントラ・ヴァジラヤーナ」

麻原彰晃の「広告塔」
をつとめた中沢新一

の教義は地下鉄サリン事件を起こす決定的な〝引き金〟となった危険な教義である。中沢新一自身も「ポア」という言葉が「僕の本からの極端な盗用」と認めているが、地下鉄サリン事件で「〈宗教学者・中沢新一〉なんてもう終わりにします」（『週刊プレイボーイ』一九九五年四月二五日号所収の中沢新一インタビュー「宗教学者・中沢の死」）、といった逃げ口上の遁辞でさっさと逃げおおせるものではないはずだ。

この点、東大時代の中沢の後輩に当たる島田裕巳が『中沢新一批判、あるいは宗教的テロリズムについて』（亜紀書房、二〇〇七年）で批判しているように、中沢新一には「彼とオウム真理教との関係、そしてオウム真理教が引き起こした事件との関係」について、自ら明らかにするという責務があるはずだからである。

その島田裕巳が『宝島三〇』誌（一九九六年一月号）に掲載された元信者の手記「僕と中沢新一さんのサリン事件」から伝えるところでは、中沢新一は地下鉄サリン事件のあと中沢本人に直接会った元信者に「宗教とは狂気を持っているものなんだ」として、「オウムのサリンはどうして（犠牲者が）十人、二十人のレベルだったのかな。もっと多く、一万人とか、二万人の規模だったら別の意味合いがあったのにね」と語ったというのである。

『宝島三〇』誌（一九九六年六月号）の「私の『中沢新一』論」でも、中沢本人から「一万人、二万人規模の人間が死ねば、東京の霊的地場が劇的に変化する」、と聞かされた元信者の話が同誌編集部により紹介されている。その真偽のほどはそれこそ中沢本人に確かめないと分かるまいが、島田裕巳が何度か中沢との対談をセットしようとしたが、一度も実現せず「彼が逃げているように思える」と書いている。

## 麻原彰晃を「世界有数」の「宗教家」「思想家」と持ち上げて六〇年代安保・全共闘世代のシンパを慌てさせた吉本隆明

吉本隆明が麻原彰晃を「世界有数」の「宗教家」「思想家」と持ち上げた発言は、さすがの吉本真理教の信者たちにも不安と動揺を与えた。これでは、六〇年代安保・全共闘世代のカリスマも地に堕ちる、スワ！先生が大変!!とばかり熱心な吉本シンパたちが集まって教祖を囲み、吉本隆明＋プロジェクト猪の『尊師麻原は我が弟子にあらず』（徳間書店、一九九五年）なる毒消しの本を出した。老先生のオモラシに対する応急のオムツカバーで、その出版の意図がスケスケ見え見えの駄本である。

そのなかで、吉本隆明は「麻原さん」と「さん」づけで、こんなヨタを飛ばしている。「僕は麻原さんはヨーガの修行者としては大変よくやった人だと高く評価してきました」「（しかし）予言に近いことをするためには、やっぱり麻原さんがヨーガでやったと同じくらいの厳しい修練（が必要で）」「麻原さんの予言と第三次世界大戦不可避論は、（かつて大江健三郎みたいな反核文士が、核戦争反対だと言っていたのと）同じレベルの（バカバカしい）もの」「僕は修行者としての麻原さんを考えると、とても残念な気がします」。

「ただオウム真理教の殺傷の責任者であり、当事者（?）であるかもしれない教祖麻原彰晃を殺傷の故をもって宗教家としての力量を無視してただの殺人鬼に仕立て、オウム―サリン事件をたんなる異常な殺人鬼集団の殺傷事件であるかのように扱って済まそうとするマス・コミ、新聞、テレビの態度は、事件の本質を誤るばかりか、途方もない見当外ずれの方向に世論を誘導するスターリニズムやファッシズムにつながる危険なものだと思う」。

六〇年代安保・全共闘世代の吉本真理教の信者にしてみれば、吉本隆明も麻原礼賛ばかりでなく、ちょっぴり麻原尊師に忠告めいた注文もつけ、反核運動批判やスターリニズム批判で〝麻原隠し〟の〝煙幕〟も張ってくれたので、何とか御本尊の吉本先生のボロを取繕う〝毒消し〟になったと思いたいところだろうが、おっとどっこい、そう簡単に問屋は下りない。

そもそも、オウム真理教や地下鉄サリン事件には何の関係もない、反核運動批判やスターリニズム批判といった水戸黄門ならぬ〝吉本御老公〟の〝印籠〟まで持ち出してみたところで、麻原彰晃の明々白々な凶悪犯罪を免罪することにはならないからだ。ことオウム真理教や地下鉄サリン事件に関して、「途方もない見当外ずれの方向に世論を誘導」しようとしたのは、「マス・コミ、新聞、テレビ」ではなく、ほかならぬ吉本隆明その人だったのである。

吉本隆明は「（麻原彰晃は）相当な思想家」で「（オウム真理教も）そんなに否定すべき殺人集団ではないよ」と書いた。中沢新一も「（麻原彰晃とオウム真理教の思想は）今回のいまわしい事件（地下鉄サリン事件）によって、葬り去られてよいものではない」と書いた。それならば、なおさらのこと、中沢新一はその「葬り去られてよいものではない」思想について、自らが与えた影響の責任も考慮して率直に語るべきである。

いずれにせよ、吉本隆明と中沢新一はオウム真理教と麻原彰晃の評価だけでなく、非歴史的なロマン主義の精神全般を通じて、シャムの双生児のように切り離せない資質と見解を共有していたのであって、それこそが中沢新一をして密教の秘伝の伝授という形式で『吉本隆明の経済学』を編ませたのである。

# 第三章　その非科学的な形而上学

## ──贈与の金メッキで金ピカに飾り立てられた消費社会の神話

### 密教の秘伝の伝授VS科学の方法

中沢新一編『吉本隆明の経済学』が密教の秘伝の伝授という形式を取っていることは、まったく非科学的にして非歴史的な性格を物語る。ここでは、その非科学的な形而上学という性格について検証するが、少なくとも「経済学」が「科学の一分科」であるからには、データとテクスト・クリティークを踏まえた考証と分析が必要である。

しかるに、中沢新一は吉本隆明のテクストからコンテクストを隠し、テクストの考証も分析もなく、いわば密教の教義として丸ごと真理であるかのように差し出している。このことは、中沢自身がラマ・ケツン・サンポに続いて、密教の教祖たるグルの吉本隆明に同化して融合してしまい、いわば一心同体となってグルの神格化と神秘化にこれつとめているということを意味する。

密教の伝授は科学の方法にまったく反している。科学の方法とは、わたしが『原発と御用学者』でも引用したカール・ポパーの「推測と反駁」である。「こうした推測は批判、すなわち、厳しい批判的なテストを含む反証の試みに支えられている」（『推測と反駁』、法政大学出版局、一九八〇年）。

しかるに、吉本隆明の言説はすべて一義的な断言命法であって、いっさいの異議や批判を許さない。その言説にちょっとでも異議をはさもうものなら、ブルドッグのごとく「馬鹿！」「頓馬！」「ド阿呆

!」の罵詈雑言が返ってくる。この罵詈雑言は強迫神経症じみた被害妄想からきているが、吉本隆明ほど物事や事象の多義性にうとく、批評や論争に背を向けた人間はいないのだ。

　わたしが『原子力マフィア』でもおちょくったように、かつて吉本隆明が発行していた『試行』の「情況への発言」は、『試行』の軒先に獰猛なブルドッグをつないで、熊公八公の床屋政談風に大吉本と小吉本を対談させ、一切の他者を罵倒しながら、小吉本に「ウチの先生が一番えらい」と大吉本を持ち上げさせ、自作自演で吉本神話を演出してきた。

　それはソクラテスの問答対話さながら、相手かまわず「擬制だ!」「ニセモノだ!」と否定に否定を重ね、この「否定の否定」によって問答対話が終わってみると、自らが「最大の知者」として立ち現れる、というルール・チーターの「イカサマ競技」でしかなかったのである。

『試行』の軒先のブルドッグとエサ係り

　吉本隆明にも中沢新一にも共通するのは、その言説が非科学的であるのみならず非歴史的だということである。この歴史的思考の欠如は両者の空想的なロマン主義と背中合わせであって、ここから経済をめぐるロマンに彩られた空想や妄想が幅を利かせることにもなる。

## 米日欧が第三世界やアジアの農業地域に「贈与」するという〝妄想の牢閣〟

　たとえば、『吉本隆明の経済学』の中心的なテーマである贈与論について見ると、なるほど吉本隆明もマリノフスキーやマルセル・モースの著作をもとに、未開社会における贈与の在り方は一応踏まえている。しかし、ここから、マルクス流の「交換価値論」に代えて「贈与価値論」を形成すれば、現代の「消費資本主義」から「超資本主義」なる「資本主義の未来像」に移行できるというのは、まったくの空想というよりも妄想の産物である。

吉本隆明は「消費資本主義」なるものを定義して、所得の半分以上が「消費」に使われていて、その「消費」のうち五〇パーセント以上が衣食住のような「必需消費」でなく「選択消費」になっている社会としている。この「消費資本主義」は「第一次産業」や「第二次産業」を凌駕して、「第三次産業」（小売、卸売、金融、サービス、流通）が五〇パーセントを越えた社会だとも言っている。

この「第三次産業」の膨張による「消費資本主義」の出現をもって、吉本隆明は「マルクスが分析しなかった未知の段階」と称し、アメリカ、日本、ＥＣ（現在の欧州連合）の資本主義の「先進的な三地域」こそ「未知の段階」の「消費資本主義」の最先端を行くものと位置づけている。

のみならず、これら「消費資本主義」の「先進的な三地域」で、農業が限りなくゼロに近づいていくのは避けることのできない「歴史の必然」なので、これら先進地域は第三世界やアジアの農業地域に「贈与」するしかない。そこで、「交換価値」に代わる「贈与価値」によって価値論を形成しなければならない、というのが吉本隆明の見解の骨子である。

まるで吉本隆明の影法師を演じる中沢新一は、「誰かが消費資本主義に関する新しい『資本論』を書かなくてはいけなかったのだが、それを引き受けることのできる力量と情熱をもっていたのは、世界中で吉本隆明ただ一人であった」「未開の世界の贈与とは違う形態をとって、より高度な形態をとった贈与が人類社会に回帰してくる。このようにして贈与論は人類史を貫いていくのだ。吉本隆明はここでマルクスとモースを同時に乗り越えようとしている」、と大見得を切って大ブロシキを広げている。中沢新一の学者失格を証明するお笑いの一席である。

## 中沢新一が称揚する「フィロソフィア・ヤポニカ」の哲学的お題目の歴史的政治的意味

そもそも、「農業が大事」などと大見得を切る中沢新一が、消費資本主義のもとで「農業ゼロ」を主張する吉本隆明を称揚するのは、いったいどういうことか。これは矛盾しているというよりも、まったく支離滅裂の極みではないか。いや、知の手品師や詐欺師のフロシキには、支離滅裂な矛盾を立派に切り抜ける奇術がある。わたしは中沢新一が『フィロソフィア・ヤポニカ』（集英社、二〇〇一年）で称揚する西田幾多郎や田邊元の「絶対矛盾的自己同一」を思い出す。

しかし、中沢新一がどのような哲学的なレトリックによる深刻ぶった解釈でカムフラージュしようとも、たとえば田邊元が太平洋戦争前夜の一九三九年に京大で行った講義「歴史的現実」において、自らの「絶対矛盾的自己同一」または「無の哲学」の政治的意味を問わず語りに語ったと言えるつぎの言葉を消去できるものではない。

「一君万民・君民一体という言葉が表わして居る様に、個人は国家の統一の中で自発的な生命を発揮する様に不可分に組織されて居る、国家の統制と個人の自発性とが直接に統合統一されて居る、之が我が国の誇るべき特色であり、そういう国家の理念を御体現あらせられるのが天皇であると御解釈申上げてよろしいのではないかと存じます」（田邊元『歴史的現実』、岩波書店、一九四〇年）。

「天皇は無の象徴たる有と解し奉るべきであろう。何となれば矛盾的に対立するものを統一することが出来るのは無であって、単なる有ではあり得ないからである。天皇の絶対不可侵性はこの無の超越性に由来するものに外ならない。斯く解せられた天皇の象徴的存在こそ、民主主義を容れて而もその含む対立を絶対否定的に統一する原理であるというべきである」（田邊元『政治哲学の急務』、筑摩書房、一九四六年）。

このようにして、中沢新一が称揚する「フィロソフィア・ヤポニカ」なる「日本哲学」は、太平洋戦争下の天皇制国家への滅私奉公に自発的な個人の自由を見出す、いわゆる「無の哲学」ないしは「絶対無の弁証法」なる神秘的な弁証法でもって、およそ調和しないものを調和させ結びつかないものを結びつけて、天皇制ファシズムと戦争政策を神秘化し正当化する役割を果たしたのである。

わたしが中沢新一を学者失格と呼ぶのは、フィロソフィア・ヤポニカの歴史的検証もせず哲学的言説の上塗りでそれを美化したように、吉本隆明の独断と妄想をまるごと鵜呑みにして、ちょっと調べれば誰でも分かる基本的な事実すら確かめず、その独断と妄想をそのまま横流ししているからである。これは中沢自身の学者としての資質と能力を根本から問われることがらだ。

## 「贈与」ではなく「略奪」こそ資本主義の合言葉

一例を挙げれば、吉本隆明はアメリカ、日本、ＥＣ（ＥＵの前身）といった資本主義の先進地域で農業が限りなくゼロに近づくので、第三世界や農業地域に「贈与」して食料を調達するのだと言うが、これは日本の極端な食料自給率の低さをアメリカや欧州連合に外装した謬見で、世界の食糧と農業の基本的なデータすら踏まえていない。

たとえば、農水省の資料で二〇一一年の世界の食料自給率（カロリーベース）を見ると、①カナダ二五八パーセント②オーストラリア二〇五パーセント③フランス一二九パーセント④アメリカ一二七パーセント、といずれの先進諸国も食料余剰輸出国である。ヨーロッパのスペインは九六パーセント、ドイツは九二パーセント、イギリスでも七二パーセントである。これらヨーロッパの国々と比較して、日本は三九パーセントと極端に食料自給率が低いが、欧州連合を日本並みに扱ってはならないことはデータが語っている。

つぎに、二〇一三年の穀物生産量の国別ランキングをみると、①中国五億五二八七万トン②アメリカ四億三六五五万トン③インド二億九三九四万トンを御三家に、以下ブラジル、ロシア、インドネシア、フランス、カナダ、ウクライナ、バングラデシュ、アルゼンチン、ベトナム、ドイツ…と続いている。ここでもアメリカはもとよりフランスやドイツが農業大国であることが分かる。日本の穀物生産量は三三位の一一七八万トンである。

いま挙げたデータからだけでも、日本を例外中の例外として、アメリカや欧州連合が世界有数の農業大国であることが分かろう。とりわけ、アメリカは地下水の枯渇、土壌侵食、塩類集積など農業の持続を脅かす環境の危機をはらんでいるとはいえ、広大な小麦地帯、トウモロコシ地帯、綿花地帯、酪農地帯、牧畜地帯を抱えて、欧州連合とともに世界最大級の食料生産国にして食料輸出国である。これにひきかえ、アフリカの農業は世界から取り残されて、人口が急増するなか貧困化と飢餓人口が増大しているのだ。

アメリカは膨大な食料の余剰を抱え、相手がアフリカだろうと第三世界だろうと先進諸国だろうと、自らの余剰食料の輸出に余念がない。今日の環太平洋パートナーシップ（ＴＰＰ）の日本への押しつけもその現われの一つだが、そのアメリカがどうして「贈与」までして自国で余剰のはけ口に困る食料を他国から「輸入」しなければならないのか。アメリカや欧州連合など先進諸国では「歴史の必然」として農業がゼロに近づくので、先進諸国は第三世界や農業地域に「贈与」せざるを得ないとする吉本隆明の見解は、まったくの独断と妄想の産物でしかないのである。

吉本隆明にしてみれば、アメリカや欧州連合で消費資本主義が進展して、農業や食料がゼロになってほしいのかも知れないが、それは消費資本主義を理想化するための吉本自身の願望にほかならない。その願望の独断と妄想を自ら確かめもせず受け売りして、それがマルクスやモースも超える途である、などと大ブロシキを広げる中沢新一の馬鹿さかげんも、疑問の余地がないのだ。つまるところ、吉本隆明も中沢新一も〝砂上の楼閣〟というよりも〝妄想の楼閣〟の上で、まったく非歴史的で非現実的な言葉遊びの机上の空論に終始しているわけである。

ちょっと考えてみれば分かるように、アメリカ、日本、欧州連合といった吉本隆明のいわゆる先進諸国の資本家にせよ政府にせよ、第三世界や農業地域からしゃぶり取るだけしゃぶることは考えても、世界救世教の慈善団体のように「贈与」するなどということはあり得ない。アメリカにいたっては、石油資源と並んで穀物資源を重要資源と位置づけ、世界の穀物取引を支配する多国籍企業の穀物メジャーを通して、先進国向けの食料の確保や第三世界を含む全世界への余剰食料の輸出のため、いわゆる「食糧戦略」を「石油戦略」とともに発動してきた。

吉本隆明は『経済白書』や『農業白書』に出てくる程度の数字で経済や農業の表層をなでるだけで、世界の農業や食料の構造を研究したこともなく、世界の穀物取引を牛耳るカーギル、コンチネンタル、ルイ・ドレフェス、ブンゲ、アンドレといった穀物メジャーの名前すら知らなかったであろう。それでいて、よく農業問題で大口をたたけたものだと感心（？）いや寒心（！）するが、日本の消費経済の圧倒的な目くらましに会って、何も見えなかったというよりも、むしろ見ようとしなかっただけのことである。

吉本隆明が賛美する先進諸国の過剰生産と過剰消費が、世界の資源の枯渇と環境の悪化を加速し、貧しい国々の貧困や飢餓の〝盾の半面〟をなすことは、あらためて強調するまでもない。その飢えの一因は、アグリビジネスと呼ばれる先進諸国の多国籍企業が貧しい国々の土地を占拠し、住民自身の食糧生産と栄養状態を犠牲にして、先進国向けのモノカルチャーの栽培を押し付けてきたことにある。

その一例としてわたしは、一九七〇年代の初めに明るみに出たこととして、スーザン・ジョージの『なぜ世界の半分が飢えるのか』（朝日新聞社、一九八〇年）から、コーヒーのブランド「ネスカフェ」で知られる巨大アグリビジネスのネッスルが、自社商品のベビー用品の販路の拡大のため、徹底したデマ宣伝と販売戦略を駆使して、アフリカの母親たちに母乳を放棄させ、アフリカの子どもたちの栄養障害をいちじるしく促進した事実を挙げたい。

かつて、吉本隆明は『大情況論』（弓立社、一九九二年）の「善悪を超えた資本主義の遊び方」というフェリックス・ガタリとの対談で、アフリカの飢餓の問題をめぐって、「日本資本主義はアフリカを救済することはもちろんできると思います。日本の国家がもしそうおもえば贈与すればいいわけですから」「アメリカ資本主義にアフリカ救済の課題が与えられて、それを実行しようというのなら、それはわりに簡単にできることだと思います。ただ、しないだけなんです」、と極楽トンボのような呑気なことをのたまっていた。

そもそも、わたしが『アメリカ新大陸の略奪と近代資本主義の誕生』（編集工房朔発行、星雲社発売、二〇〇九年）でも強調したごとく、マルクスのいわゆる「資本の原始的蓄積」から今日の「新自由主義のグローバル資本主義」に至るまで、資本主義は「構造的暴力」による「略奪による蓄積」を抜きには語れない。資本主義の合言葉は「贈与」ではなく「略奪」である。

## 奇妙奇天烈な吉本隆明の金メッキの現代都市論

吉本隆明の現代都市論もひどいものである。『吉本隆明の経済学』における中沢新一の解説によると、「吉本隆明は現代都市の問題を考えるときも、アフリカ的段階からハイパー都市まで包摂できる大きな射程から、ものごとの全体を見渡すやりかたをとる。そこで東京・浅草のアサヒビールのビルの屋上に乗っているうんこ型の巨大オブジェを見ても、そこに第一次産業的要素（肥料）が第二次産業（ビアホール）と結合した「クレオール化（稚拙化）」の現象を起こしているのだという独創的な見方をしてみせる」。

その「独創的な見方」による吉本隆明の都市論は、一方で大衆の原像をかかげる庶民の味方にふさわしく名古屋郊外の長島温泉に「一種の未来都市」つまり「都市の未来像」を見るかと思えば、他方では「アフリカ的段階」の第三世界に超モダンな「ハイパー技術」をくっつけて理想都市をつくればいい、といった馬の胴体に人間の上半身を乗せる半身半獣のケンタウロスのごときトリッキーな手品師的奇術である。

まず、長島温泉を持ち上げるくだりは、いかにも熊公八公の床屋政談らしい談論風発の面目躍如で、吉本隆明の都市論の一番の傑作と感心し、わたしは思わず吹き出さないわけにはいかなかった。つぎに、熊公八公の床屋政談が「アフリカ的段階」の「ハイパー技術」に及ぶと、わたしはハイブラウなコム・デ・ギャルソンの衣装をまとった優雅なアフリカ原人が住む、奇想天外な未来都市のイメージを連想せざるを得なかった。コム・デ・ギャルソンのアフリカ原人のことは、すぐあとの埴谷雄高・

吉本隆明の〝大ボケ・小ボケ論争〟のところで再び取り上げる。

いやはや、何事も信仰なくてはかなうまじ、鰯の頭でも信心から都市のご立派なご神体になるというわけだ。まさか、中沢新一は触れるものことごとく黄金に変えるギリシアのミダス王のつもりでもあるまい。少しあとで取り上げるアメリカの「金ピカ時代」ないしは「金メッキ時代」になぞらえて言えば、中沢新一が吉本隆明を飾り立てた「黄金」の「金」は「金ピカ」の「金メッキ」である。

吉本隆明は現代都市を産業構成から第三次産業が突出した消費社会ないしは消費資本主義の象徴として、さらにまた、たとえば下町の住宅街からビルの谷間の人口的な広場やビルの屋上のゴルフ練習場やビルの密集地域まで、要するに現代都市に何が見えるかという「視線の構造」によって、都市を四つの系列に分類している。ヒマ人のコトバのお遊びもここに極まれりである。

わたしの『都市論〔その文明史的考察〕』（三一書房、一九九七年）は「市民の誕生」から説き起こしているが、吉本隆明の都市論には「市民」の市の字もその多様な活動もなく、その代わりに消費社会における中流意識をもった「一般大衆」の漠とした気分がある。すぐあとの第二部で、吉本隆明の都市論を徹底的に批判して解体構築するが、そのポイントは市民不在の都市論ということに尽きる。

吉本隆明は日本のバブル期の『ハイ・イメージ論』（福武書店、一九八九年）で、「消費資本主義」の「大衆消費社会」を礼賛し、「消費都市」や「高層都市」を現代のユートピアと持ち上げた。しかも、あたかもタイム・マシーンに乗って一世紀前のアメリカに舞い戻るかのように、ニューヨーク・マンハッタンの摩天楼の超高層ビルをマンモス都市・東京の未来像として崇めた。わたしが『知の虚人・吉本隆明』で「一周どころか三周も四周も遅れてきた老モダニスト」と評したゆえんである。

ときあたかも、一九八〇年代の中曾根康弘を旗振り役とする「新自由主義」の「自由化・民営化・

規制緩和」による中曾根民活とバブル経済の全盛期で、日本の国土と都市をメチャクチャに破壊しながら、いわゆる〝バブルの饗宴〟ならぬ〝バブルの狂宴〟が現出し、東京の都市ビルの超高層化やファッション化が進み、バブルが大衆消費文化とサブ・カルチャーの氾濫というかたちで、日本の文化と文化人をとらえた。

さきの『知の虚人・吉本隆明』で指摘したように、バブル期の「都市再開発」や「消費資本主義」の下半身の下部構造として、地上げ屋が暗躍し土地投機の横行する「デベロッパー資本主義」や「ゼネコン資本主義」があったことは言うまでもない。その中曾根民活とバブル経済の掌で踊ったバブル文化のアダ花が、まさしく『マス・イメージ論』（福武書店、一九八四年）や『ハイ・イメージ論』の吉本隆明だったのだ。

マンハッタンの摩天楼の超高層ビルに東京の未来像を見る吉本隆明は、中沢新一がヨダレクリのようにタレ流しを受けて拝聴した未来の思想家どころか、まぎれもなく一世紀遅れの後進知識人の典型にほかならず、その大衆文化礼賛でも一世紀遅れである。資本主義の本家本元のアメリカでは一九世紀の後半に、「金ピカ時代」とか「金メッキ時代」と呼ばれる成金主義や拝金主義が大衆文化とともに流行し、マーク・トウェインの風刺小説（共著の邦訳『金メッキ時代』上・下、彩流社、二〇〇一、二〇〇二年参照）でその姿が描かれている。

この「金メッキ時代」はアメリカで金融寡頭制と巨大独占体が形成された時代で、金融王モルガン、鉄鋼王カーネギー、石油王ロックフェラー、自動車王フォードといった名だたる富豪が輩出したことでも特筆さるべき時代であった。しかし、アメリカには吉本隆明のような資本主義万歳のイエス・マンの知識人ばかりがいたわけではなく、マーク・トウェインのような作家やソースティン・ヴェブレンのような経済学者が登場して、資本主義の病理を辛辣に批判したことも忘れてはならない。
なかでも、ヴェブレンは『有閑階級の理論』(岩波文庫版一九六一年邦訳、筑摩書房版一九九八年邦訳)で、見せびらかしの有閑階級の閑暇や消費を「誇示的閑暇」や「誇示的消費」といった難解な言葉で批判し、それが若い女性たちにも圧倒的に読まれて全米でベストセラーとなったほどだ。アメリカの富豪や財閥は大学や図書館などに巨額の寄付をした慈善活動でも知られるが、吉本隆明や中沢新一ならこれを「贈与」という言葉を使って有難がるであろう。

面白いことに、社会学者のライト・ミルズは『パワー・エリート』(東大出版会、一九六九年邦訳)で、アメリカの大富豪を「泥棒」にして「革新者」の両義性でとらえている。中沢新一の内田樹との対談集『日本の文脈』(角川書店、二〇一二年)をぱらぱらとめくると、「農業も教育も贈与である」などといった言葉が目につくが、何でもかでも「贈与」なる「金メッキ」を施せばきれいに見えるわけである。

すでに第二次世界大戦後の一九六〇年代初め、アメリカの社会学者デイヴィッド・リースマンは『孤独な群集』(みすず書房、一九六四年)で、「政治」も「文化」も「消費者商品」として「消費」の対象とする大衆消費社会や大衆消費文化を批判し、日本でも大衆社会論のブームが起きたが、吉本隆明の「大衆の原像」も「大衆社会」のなかに飲み込まれてしまった。

その持って回った衒学的なヒラヒラを取り除いてみれば、吉本隆明の「消費資本主義」は「消費は神様です」なる信仰告白を繰り返しているにすぎないが、それはイバン・イリイチのいわゆる「霊魂不滅の信仰」に取って代わる「終りのない消費という神話」(『脱学校の社会』、東京創元社、一九七七年)にほかならず、そこには消費という現象についての批判的な考察も分析もないのである。

ところが、この衰弱した批評精神も中沢新一に言わせれば、「とてつもなく強力な批判精神が、資本主義が高度化に向かって変貌をとげていくその「自然史的過程」に強力なポジティブな解明をほどこした」というのだから、まさにものは言い様で、そのヒイキのヒキ倒しぶりには恐れ入る。要するに、吉本隆明の合言葉は「現状の肯定に次ぐ現状の肯定」であって、それこそがかれのいわゆる「自然史的過程」なわけである。

この「自然史的過程」という自堕落な地点から、吉本隆明は消費社会の神話を批判したボードリヤールの『消費社会の神話と構造』（紀伊国屋書店、一九七九年）にかみつき、ここでもスターリニズム批判という水戸黄門ならぬ〝吉本御老公〟の〝印籠〟を持ち出して、ボードリヤールが「スターリニズム知識人とすこしもちがった貌をしていない」などと悪罵を投げつけているが、何をか言わんやである。ふと、「犬も歩けばスターリニズム、そこのけそこのけ、吉本御老公の御通りじゃ」、の言葉が口をついて出てくる。

それで思い出すのは、文学者の反核声明にからむ一九八〇年代半ばの〝大ボケ小ボケ論争〟と俗に呼ばれた埴谷・吉本論争で、吉本隆明が「坊主憎けりゃ袈裟までも」の諺を地で行き、こともあろうに日本におけるスターリニズム批判の先駆者たる埴谷雄高を名指して、「反スターリニズムを装ったスターリニスト」「スターリン・テオロギアの俗悪な戦士」とこき下ろしたことである。そのさい、吉本隆明は何を血迷ったか、コム・デ・ギャルソンの衣装の方が埴谷雄高の『死霊』に優るなどと、まるで巻尺で重さを量りでもするかのような、トンチンカンなコトバを口にしたのだが、巧まざるドタバタ喜劇の〝名演技〟ならぬ〝迷演技〟ではあった。

この一九八〇年代の埴谷・吉本論争において、吉本隆明が女性雑誌『アンアン』（一九八四年九月二一日）のグラビアのページに、高級ブランドのコム・デ・ギャルソンの衣装に身を包んで登場したのを取り上げて、埴谷雄高は「このような「ぶったくり商品」のCM画像に、「現代思想界をリードする吉本隆明」がなってくれることに、吾国の高度資本主義は、まことに「後光」が指す思いを懐いたことでしょう」、と辛辣に揶揄した。わたしが吉本隆明の「アフリカ的段階」の「ハイパー技術」なるものから、思わず知らずコム・デ・ギャルソンのアフリカ原人を連想するのもここに由来する。

わたしが『知の虚人・吉本隆明』で証拠を挙げて書いた通り、もともと吉本隆明は「資本主義の制度が、歴史の無意識が産んだ最高の制度」で「高度資本主義のもとで大衆が解放されている」との信仰をもつ高度資本主義の信奉者であった。一九六〇年代安保・全共闘世代の吉本真理教の信者に対して、新左翼知識人としての〝右大臣〟や〝左大臣〟の座も保てない、との直観から無意識の保身術に出たのであろう。

吉本隆明は『不断革命の時代』（河出書房新社、一九八六年）で書いた。「高度資本主義は、すでに永続革命以外の大衆の問題はすでに解いてしまっているわけです。ただ、永続革命の問題は残っています」と。これは「資本主義」や「高度資本主義」にベッタリ身を委ねているものだから、トロツキーばりの「永続革命」や「不断革命」といった「革命的」なコケおどしのオブラートに包まないと誤魔化せない、との詐欺師のごとき裏技に訴えたものである。これは右にも左にもコビを売るキャッチ・コピーとしてはなかなかの出来栄えである。

中沢新一はかつてチベット密教のニンマ派のグルたるラマ・ケツン・サンポに帰依したが、いまで

コム・デ・ギャルソンのアフリカ原人

は日本の新密教たる吉本真理教に宗旨替えし、自らの編になる『吉本隆明の経済学』という擬制ならぬ〝犠牲〟の〝虚無〟への供物をもって、死せるグルたる吉本隆明への後追い〝心中〟で〝殉死〟したかのごとくだが、そこには吉本隆明の非科学的な形而上学の独断と偏見の受け売りに加えて、非歴史的にして観念的な形而上学という特徴が凝縮して示されている。そこで、吉本隆明と中沢新一のヘーゲル哲学の尻尾をくっつけた歴史認識の貧困を問題にしたいと思う。

# 第四章　その非歴史的な史的観念論

## ―「勝てば官軍」で「無理が通れば道理引っ込む」歴史の神話

### お粗末極まりない吉本隆明の「世界認識の方法」

中沢新一の『吉本隆明の経済学』によれば、吉本隆明は戦後の混乱のなかで「日本人に決定的に欠如していた「世界認識の方法」を獲得するための思想的格闘を孤独に進めた」「(その勉強を通して)自分の考えうるところのもっとも確実な世界認識の方法と思えるものを、独自のやり方で取り出してくることができた」そうである。それでは、その「もっとも確実」な「世界認識の方法」とはいかなるものか。

その「世界認識の方法」とはわたしが「ヘーゲルもどきの歴史観」と批判してきた歴史観であって、いまどき明治時代の〝脱亜入欧〟でもあるまいに、世界の歴史は東洋から西洋に向かって進歩し、ヨーロッパ近代こそ「世界史の最高段階」にして「世界史の鏡」だとする、ヘーゲル流の〝西洋中心主義〟による〝進歩史観〟である（たとえば吉本隆明『「反核」批判』、深夜叢書社、一九八二年参照）。

さいわい、吉本隆明にはそのものズバリ『世界認識の方法』（中央公論社、一九八〇年）という本があるので、これをテクストとして考察するとしよう。これは蓮見重彦とか安原顕といった吉本真理教の取り巻きたちが、一九七八年にセットしたミシェル・フーコーとの対談「世界認識の方法」を巻頭にした評論集である。

その当時、たしか『海』という雑誌でこの対談を一読したわたしは、ヘーゲルやマルクスの歴史観を根本的に解体する仕事をしているはずのフーコーの前で、「マルクス主義の始末」などと大見得を切りながら、にわか勉強の受験生さながら「ヘーゲルの意志論」をほめそやす吉本隆明の発言に、フーコーと比べて彼此の力量の差とともに何か後進知識人のコンプレックスのようなものを感じざるを得なかった。

おそらく、フーコーは対談のあと内心で、「これが日本の戦後の代表的思想家か？」とびっくりしたのではなかろうか。これに関連して興味深いのは、和田司が『吉本隆明『共同幻想論』を解体する』（明石書店、二〇一二年）で紹介している、この対談の前段のエピソードである。すなわち、お互いの往復書簡のやりとりで吉本隆明の書簡について、フーコーは対談の企画を実現した安原顕に、「内容がまったく意味不明、ヨシモト氏はヘーゲルをきちんと読んだことがあるのか」、との返信を書き送ってきたというのである。

　わたしが吉本隆明の『世界認識の方法』のなかで、しばしば引用するのはつぎの個所である。そこには、はからずも、吉本隆明という戦後思想家がそれこそ掛値なしの丸裸の姿で、つまり、〝ハダカの王様〟の〝パプリカの偶像〟として立っているかのごとくである。この個所は見逃せないので、読者も注意して読まれたい。すなわち、吉本隆明のいわくだ。

「つまり総合的な世界把握―ヘーゲルのように、空間的にいえば世界のどこの場所にも適応出来て、歴史的な段階でいえば世界史のどの時代にも、もし段階の関連さえつければ通用出来るような一つの歴史理念―は可能なんではないかという考え方は、ぼくの内部ではそう簡単に捨てきれません。その意味で、構造の考え方が提起していることの半分は、まだ疑問符のなかにあるんです」。

「ヘーゲルの世界の把握の仕方、歴史の把握の仕方には、個々の実証的な場面ではどんなに狂いがあっても、それ自体で世界を限定できています。つまり地上にどういう事実が起こっても、現実にが行われ、どういう事件が突発しても、理念が全部世界を覆えるという理念があります。事実の生起性がヘーゲルの世界把握の外側にでることはないという世界の概念があります」。

　こう語りながら、吉本隆明は「そういう安心感みたいなものもある」とする一方で、うすうす半面で「じつにくだらないことをしているんじゃないかという、じぶんへの疑念もあるのです」、と正直に告白している。ことわっておくが、いま引用した言葉はわたしが吉本隆明を誹謗中傷するためにデッチ上げたものではなく、当の吉本自身の著書『世界認識の方法』からの引用の抜粋である。

　まことに貧困極まる歴史認識の吐露と呼ぶしかないが、こんな馬鹿げた「勝てば官軍」「無理が通れば道理引っ込む」認識で世界の歴史を裁断されてはたまったものでない。いかにも安直で便利なチャート式の図式とはいえ、このチャートで仕込んだ図式では受験を突破できないことくらいは、それこそ中学や高校の受験生にも理解できるのではないだろうか。ところが、この吉本隆明のチャートの図式には有難い付録のおまけがつく。

すべての過去の出来事がヘーゲルの「歴史的必然」で片付けられるとすれば、すべての未来の出来事も吉本隆明の「自然史的必然性」で自動的に解決されることになっている。すなわち、吉本隆明があちこちで書き散らしているところから拾うと、言葉も知識も、科学も技術も、市場社会も資本主義も、要するにこの世の一切合切が「自然力」「必然力」「自然必然力」「自然史的必然性」「自然史的過程」で動くというのだ。

これらの書き散らしの出どころはわたしの『知の虚人・吉本隆明』に挙げておいた。まことに朦朧とした無意識のリビドーのごとき〝言霊〟の〝妖怪大集合〟である。それはヘーゲルの「絶対者」の「歴史的必然」の二番煎じ三番煎じの出涸らしだが、この吉本隆明の出涸らしの煎じ薬を飲めば、人間の存在や歴史に意味がない有難き極楽往生の世界に行けそうだ。

中沢新一編『吉本隆明の経済学』のなかでも、吉本隆明は「ぼくはマルクスの徒です。マルクスは経済史は自然史の延長なんだ、だから経済史は、人為的には動かせないんだ」「自然に変わる必然に対して、…それを促進したり、遅くしたりということは、もちろん人為的に可能ですけど、自然史全体の流れとしての経済史を動かすことはできないのです」と書いている。

たしかに、マルクスは『資本論』（『マルクス・エンゲルス全集』第二三巻第一分冊、大月書店、一九六五年）の「第一版序文」で、「経済的社会構成の発展を一つの自然史的過程と考える私の立場は、…」と書いているが、そもそも「自然史的過程」は「自然史」そのものではないし、マルクスは「経済史」が「自然史」だなどとは一度も言っていない。

これについては、いまから三〇年以上前の吉本隆明の『「反核」異論』（深夜叢書社、一九八二年）の批判を動機とする、わたしの『反核・反原発・エコロジー――』（批評社、一九八六年）の結び「吉本隆明の政治思想批判」でも書いた通り、マルクスの言明はヘーゲル流の思弁的歴史哲学の形而上学的構成に対立する歴史の唯物論的解釈の表明であって、ヘーゲルのような抽象的観念ではなく経済的諸条件がいわば〝第二の自然〟ないしは〝自然法則に類するもの〟として諸個人を制約する、という意味における史的観念論への根本的批判である。

## 典型的な〝二枚舌〟ないしは〝二股大根〟の中沢新一の言説

中沢新一は『野生の科学』（講談社、二〇一二年）の付録「自然史的過程について」で、「科学技術は自然史的過程に属するもの」だから原発は否定できないとする吉本隆明の反核批判や原発擁護の言説は、「長いスパン」ないしは「長期波動にもとづく認識」からは「一定の確かな思想的土台」をもち「思想という営みの本道をいくもの」だ、とまるでヨダレクリかオムツカバーのようにヨイショして弁護に余念がないが、ちょっと待てとわたしは言いたい。

こっち向きにはお説ごもっともとこう言い、あっち向きにはまるで反対のことをああ言う、というのは中沢新一の典型的な〝二枚舌〟というか〝二股大根〟のやり口ではないか。それならば、とわたしは中沢新一にあえて問いたい。いったい中沢新一は、原発が「自然史的過程」の産物だから止められないと言い、原発に反対するのは「人類の進歩」「科学の発展」からの逆行だとして、「反原発で猿になる！」なる〝迷文句〟の〝辞世の句〟を残して、原発と殉死した吉本隆明の原発礼賛の言説をいったいどうとらえているのか、一度はっきりと大衆の面前で答えてもらいたいものだ。

中沢新一は三・一一のフクシマ以後、この時流に乗り遅れてはならじとばかり、『日本の大転換』（集英社新書、二〇一一年）なる大向こう受けをねらった新書を出し、日本の文明はユーラシアの「リムランド（周辺のクニ）」に「キアスム（交差）」の構造で形成された優美な文明である、などと分かったような分からないようなレトリックで褒め上げ、太陽圏のエネルギーを生態圏に無媒介に持ち込む一神教的技術の原発からの脱却のためには、「エネルゴロジー」とかいう舌もつれする「新しい知の形態」なくてはかなうまじ、などと大げさな身振りで「ノストラダムスの新予言」もどきの「ナカザワダマシの新予言」で「日本の進むべき道」の文明史的講釈を垂れた。

しかし、原発はわたしたちがかねてから「湯沸しの原理」の「破滅的スケールアップ」、あるいはまた、せいぜい「石油の缶詰め」で「石油文明のアダ花」と呼んできたものにほかならない。原発を「石油の缶詰め」と喝破したのは物理学者の槌田敦の卓見で、『石油と原子力に未来はあるか』（亜紀書房、一九七八年）、ないしは、その新装版『原子力に未来はなかった』（亜紀書房、二〇一一年）を読めば納得がいくはずだ。

一九五三年一二月のアイゼンハワー米大統領の「平和のための原子力」のころの宣伝文句たる、「ガンとの戦いでも原子力」「原子力機関車」「原子力の温室」「原子力動物園」「原子力による森林伐採」「医師のための原子力」、といった何でも原子力の原子力万能の神話の時代ならいざ知らず、そもそも「文明史的転換」をはかるべき「原子力文明」などもとからして存在しないのである。むろん、原爆や水爆をはじめとする原子力軍事技術複合体、および、原発の建設や運転に群がる政財界の原発政治経済複合体は、たしかに存在するとしてもである。

さきの『日本の大転換』の文明史的講釈に続いて、中沢新一は「グリーン・アクティブ」とかいう

「緑の党みたいなもの」を立ち上げた。まるでヌエみたいな「緑の党」もどきの「グリーン・アクティブ」は、吉本隆明の「自然史的過程」に掉さしているのか、それともまた、逆らっているのか知らないが、これまで何をやってきたのか。

中沢新一をはじめパフォーマンス専門のタレント学者の顔を何人かそろえ、オウムの組織の縮小再生産を思わせるにわか仕立の模擬政党のような格好をつけて、選挙の応援にかけつけたり会員にバッジを配ってみたところで、地に足がつかず実体もない幽霊のごとく浮遊するだけの、オママゴト遊びの学芸会に終わらなければ幸いである。考えても見よ、一方で吉本隆明という原発礼賛の神様を御本尊に祭り上げ、他方では「緑の党みたいなもの」の「グリーン・アクティブ」で脱原発を唱える中沢新一は、言うことと為すことが自己矛盾している支離滅裂の一例ではないか。いったい、ごまかしのレトリックではなく、自らのアイデンティティはどこにあるのか。これはア・トポスである。ギリシア語の「ア・トポス」は「異様な」というよりも、「場所がない」という意味である。

三・一一のフクシマ原発事故のあと、テレビや新聞や雑誌に原発を擁護する御用学者がとっかえひっかえ登場し、「御用学者」や「原子力村」といった言葉が世間でも取沙汰されるようになった。わたしも『原発と御用学者』で日本における御用学者の起源と系譜を取り上げ、科学と倫理の関係をあらためて問題にしたが、科学が駄目だから哲学が復権するということにはならない。古代ギリシアの時代から「哲学」の「弁証法」は「科学」の「方法」と対立していたのだ。

## 「勝てば官軍」の「自然史的過程」

中沢新一は東浩紀との対談「原発事故のあと、哲学は可能か」（『新潮』、二〇一四年九月号）で、「アフリカ的段階」に「ハイパー技術」をくっつけたり、「自然史的過程」に「贈与価値」を結び付ける、吉本隆明のケンタウロス的なトリッキーな奇術を持ち上げている。しかし、わたしがこのさいはっきりさせておきたいのは、はるかな昔の神話の時代ならいざ知らず、いかなる「贈与」も人間の意思による「歴史的行為」であって、それは「自然史的過程」では断じてあり得ないということだ。

いかにも、どのような歴史の動向であれ制度の働きであれ、いったんそれが動き出したり定着したりすると、なかなか止められない勢いを持つということは事実としてある。しかし、わたしが『終わりなき戦争国家アメリカ―インディアン戦争から「対テロ」戦争へ』（編集工房朔発行、星雲社発売、二〇一五年）の第二部注(73)で指摘したように、「動向」や「趨勢」は「歴史」の「必然」ではないし、「歴史」は「自然史」や「自然史的必然性」による「自然史的過程」ではない。

とりわけ、中沢新一のいわゆる「長いスパン」ないしは「長期波動にもとづく認識」から歴史を振り返れば、すでに過ぎ去った過去が取り戻せたりよみがえったりすることはないのだから、あたかもそれが「自然史」や「自然史的過程」であるかのように見えもするし、そう受け取っても仕方がない一面を持つというだけのことだ。たとえば、「勝てば官軍、負ければ賊軍」という諺があるが、戦いに勝った方が理屈抜きにすべて正しく、負けた方はすべて悪いということにもなりかねない。ここから、「無理が通れば道理引っ込む」なる諺も出てくるわけで、これこそ吉本隆明があちこちで言い放ち書き散らしていることである。

これもさきの『終わりなき戦争国家アメリカ』の第二部注(73)で書いたことだが、ある意味で吉本隆明の「自然史的過程」は、丸山眞男が「歴史意識の「古層」」（ちくま文庫版『忠誠と反逆―転形期日本の精神史的位相』所収、一九九八年）で掘り起こした「つぎつぎとなりゆくいきほひ」、あるいはまた、ひと昔前の流行歌のリフレインのきいた「ケセラセラ、なるようになる」にも通じる。

## 中沢新一はレヴィ・ストロースの徒か？

中沢新一はどこかでレヴィ・ストロースに直接会ったことを文化人類学者（民族学者）の勲章でもあるかのように語っていたように記憶するが――のみならず、中沢新一が明治大学に移るに当たってつくった「野生の科学研究所」は、レヴィ・ストロースの『野生の思考』（みすず書房、一九七六年）のもじりであることは明らかだが、青年時代に社会主義の活動家だったレヴィ・ストロースものちの『野生の思考』で、ジャン＝ポール・サルトルの『弁証法的理性批判』（『サルトル全集』第二六巻～二八巻、人文書院、一九六二～七三年）を批判して書いている。

「民族学者は歴史を尊重するが、特権的地位を与えることはしない。民族学者にとって歴史学は相補的関係にある学問である」「民族学者が多様な社会形態を空間に展開されるものとして把握するとき、その多様性は不連続的体系の様相を呈している」「それゆえ歴史的生成を考えるとき、一万年もしくは十万年単位でコード化される先史時代にはじまり、つづいて紀元前四千年ないしは三千年から千年単位の尺度をたどり、つぎには世紀単位の歴史の形をとって、さらに筆者の好みしだいで一年単位、一日単位、場合によっては一時間単位の歴史の薄片をはさみ込んだ連続的進展と見るのは幻想である」。

わたしがあえてレヴィ・ストロースのこの言葉を引用したのはほかでもない。吉本隆明のように「空間的にいえば世界のどこの場所にも適応出来て、歴史的な段階でいえば世界史のどの時代にも、もし段階の関連さえつければ通用出来るような一つの歴史理念」というチャートの図式によって、すべての「歴史的生成」を「自然史的過程」の連続的発展とする吉本隆明の馬鹿げた幻想の史的観念論のヘーゲル的歴史観を擁護している中沢新一とは、いったいいかなる意味でレヴィ・ストロースの徒であり文化人類学者（民族学者）であるのか、という問題にあらためて注意を喚起したいためである。さきに中沢新一は宗教学者として失格ではないかと示唆したが、文化人類学者としても失格でカナエの軽重を問われているのである。すなわち、中沢新一の「長いスパン」や「長期波動」といった逃げ口上のレトリックを持ち出せば、レヴィ・ストロースのいう「歴史的生成」も「連続的発展」となり、吉本隆明の「自然史的過程」を正当化することになるのか、ということである。

# 第五章　ナカザワダマシの新予言

## ―笑うレーニンとマルクスの読みかえならぬ骨抜き

### 場違いにもレーニン国家論を無批判的な金科玉条の免罪符にする吉本隆明と中沢新一

中沢新一のレヴィ・ストロースの読みもおかしければ、マルクスやレーニンの読みもおかしい。中沢新一編『吉本隆明の経済学』の第二部「経済の詩的構造」で、中沢は「（吉本の）「アフリカ的段階」の「ハイパー科学技術」が生み出す世界は、国家というものの先にある未知の世界だとして、レーニンが『国家と革命』を通じて国家の先にある世界を実現しようとしたが、それは失敗に終わったと書いている。それでは、なぜレーニンは失敗したのか。

中沢新一によれば、「この問題を深く考え抜いた吉本隆明は、ロシアの革命がアジア的段階という土台の上におこなわれたがゆえに、革命のなかから近代科学技術と結合した恐るべきアジア的専制国家を生み出さざるを得ない必然を明らかにした」「未来の革命は吉本隆明が考えていたように、超資本主義の先か、アフリカ的段階の先にしかあらわれない。超資本主義にとっても、アフリカ的段階にとっても、鍵を握るのは人間の脳＝心の本質をなす詩的構造にほかならない」と。これは中沢新一版の「ノストラダムスの新予言」ならぬ「ナカザワダマシのトンデモ新予言」である。

ここには、いっさいの歴史的かつ現実的な問題を棚に上げて、すべてを「人間の脳＝心の本質」の「詩的構造」に還元しようとする、中沢新一のロマン主義の妄想たる形而上学と史的観念論が集中的に表現されている。この中沢新一の形而上学と史的観念論は、いましがた批判した吉本隆明の「自然史的過程」の概念と相補的な関係にある。わたしが強調したいのは吉本隆明と中沢新一が場違いにも、レーニンの国家論を無批判的な金科玉条の免罪符にしているということだ。

吉本隆明も中沢新一もレーニンの政治論や国家論の致命的な矛盾と限界をまるで理解していない。中沢新一には『はじまりのレーニン』（岩波書店、一九九四年）という、旧ソ連崩壊直後の歴史的にも政治的にひどくズレたピンボケの著書がある。しかし、ロシア革命と旧ソ連崩壊の政治的意味を歴史的かつ批判的に考察することをまったくせず、「ただレーニンがよく笑う人であったこと、動物や子供にさわることが好きな人であったこと、音楽を聴くとよろこびを感ずる人であったこと」という予備知識だけでこの本を読めば、「彼の弁証法的唯物論も、彼の革命思想も、彼の「党」のことも、自然に理解できる」などといった、どこかのカルト教団の洗脳セミナーまがいのキャッチコピーにだまされてはならない。

中沢新一によれば、たとえばレーニンの構想した「党」は「資本主義の全コスモス」にたいする「ラジカルなニヒリズム」を原理とし、「われわれの世界に露頭した、無底からの発芽」にして「テクネーの技を行使しようとする集団」にほかならず、それが「資本主義社会」の「底」を突き破る「異質な力」なのだそうだ。

しかも、その「ラジカルなニヒリズム」によるレーニンの「党」なるものが、レーニンの「どはずれたばか笑い」つまり「笑いや蕩尽のなかに潜んでいるものと密接な関連をもっている」というのだから、何を考えているのかわけが分からない。いったい、中沢新一はボルシェヴィキを起源とするソ連共産党がやったことをどう考えているのか、とあらためて問いたくなるのだ。まさか、レーニンが指導したロシアのボルシャヴィキは失敗したが、オウム真理教の麻原彰晃の霊的ボルシャヴィキには可能性があった、などと言うのではないだろうな、と念を押したくなる。

とにかく、中沢新一の『はじまりのレーニン』では、レーニンの哲学や唯物論のことが抽象的かつ観念的に語られても、レーニンとロシア革命の歴史的政治的現実は具体的に何も語られていないのである。一九九一年の旧ソ連崩壊という世界史的な出来事の決定的時点で、一九一七年のロシア革命にさかのぼってレーニンの政治思想と革命最中の政治的言動を歴史的に検証することこそ、本来ならすべてに優先して先立つ必須の課題のはずであって、それを無視して抽象的で観念的な哲学談義でレーニンとロシア革命の神秘化や神格化にふける余裕などないはずである。

## 「犬も歩けばスターリニスト!」「猫も歩けばアジア的段階!!」

もちろん、中沢新一は政治思想家ではないし、もともと政治や政治思想を語る資格も能力もないのだから、わたしはあえてそれをとがめようとは思わない。しかし、中沢新一には抽象的で観念的なレトリックによる、非歴史的で非現実的な夢想の世界の自己満足的な整序統一しか念頭にないにもかかわらず、およそ歴史でも政治でも経済でも文化でも、それこそ何にでも通じているかのような口ぶりで、知ったかぶりにレーニンやロシア革命を語るからボロが出るのだ。

中沢新一は『吉本隆明の経済学』の「経済の詩的構造」のなかで、吉本隆明がロシア革命の失敗の原因をロシアの「アジア的段階」に帰し、未来の革命を「アフリカ的段階」の人間の「脳＝心」の「詩的構造」に求めたとして、「吉本隆明の思考は、この不動の地点において、身揺るぎすることなく続行されたのである」、と手放しで礼賛している。

「犬も歩けばスターリニスト!」「猫も歩けばアジア的段階!!」――中沢新一の思想的な底の浅さを〝東海の島国〟の〝ハダカの王様〟のように見せつけられた瞬間である。ヘーゲルもどきの歴史観から、「ヨーロッパの進歩」と「アジアの停滞」のお決まりの図式を繰り返す吉本隆明が、アジアの歴史も現実も何も知らないくせに、口を開けば「アジア的」「アジア的」を連発する無知な「アジア」論者であることは、かつて田川健三が『思想の危険について――吉本隆明のたどった軌跡』（インパクト出版会、一九八七年）で喝破した通りである。

レーニンとともに生まれた旧ソ連が崩壊したとき、わたしは「マルクス主義の歴史的崩壊――東欧大革命と天安門事件によせて――」（『フォーラム九〇s』、社会評論社、一九九〇年）、および、「悲劇に終わった二〇世紀の実験――ソ連の崩壊とロシア革命の覚書――」（『草の根通信』、一九九三年一一月）という二つの小文で、ロシア革命についてのささやかな歴史的考察をとり急ぎ公けにした。いずれも、近刊の拙著『民主主義の歴史的考察――古代ギリシアから現代アメリカまで』(綜合印刷出版発行、星雲社発売)に再録する予定だが、中沢新一の「笑うレーニン」のような哲学論議で駄法螺を吹いているときではなかった。

わたしは東欧革命とソ連崩壊という歴史的出来事に直面して、それを二〇世紀におけるマルクス主義と共産党独裁と国家社会主義の歴史的実験の最終的破産ととらえ、その遠因はレーニン率いるところのボルシェヴィキなる前衛党の職業政治家たちが、一九一七年のロシア革命で自然発生的に生まれた労働者兵士代表ソヴィエトの評議会権力を簒奪し破壊して、これをマルクス＝レーニン主義という国家宗教を頭に頂く共産党独裁の国家社会主義の全体主義的権力に置き換えたことにある、との見解を明らかにした。

このロシア革命についての考察はのちに、わたしの『アメリカ新大陸の略奪と近代資本主義の誕生』の第五章「アメリカ新世界の衝撃と西欧近代思想の出現」四「社会主義・マルクス主義・アナキズム・フェミニズム」で、もう少し広い歴史のパースペクティブから再考しておいたので、多少とも興味のある読者はこれを参照してほしい。

## レーニンによる「プロレタリアートの独裁」と「国家の死滅」の致命的な二律背反

ソ連における「共産党の独裁」は「プロレタリアートの独裁」の名目で正当化されたが、それはレーニンが『国家と革命』(岩波文庫、一九五七年)で説いた「国家の死滅」という無政府主義的なテーゼと決定的な二律背反の自己矛盾をはらんでいる。この「プロレタリアートの独裁」と「国家の死滅」の背中合わせの教説はまことに奇異なる教説であって、国家がブルジョアジーからプロレタリアートの手に移るにさいして、その権力と権限を比類なく増大させ、それが極大に達したところで突如として消失するとは、まさしくパラドックス（背理）ではないか、とするオーストリア生まれの法学者ハンス・ケルゼンの『社会主義と国家』（木鐸社、一九七六年）の批判は正鵠を射ている。

そこでケルゼンが引用しているアナキストの言葉を借りれば、「マルクスの胸裡には、ファウストのそれの如く、国家社会主義と無政府主義という二つの魂が宿っているかの如く」である。まるでスフィンクスの謎を思わせるこのパラドックスは、ヘーゲル流の弁証法と歴史が予定の順序で予定の目標にたどり着くとする歴史哲学によってしか理解できないものだが、一九九〇年に前後する東欧革命とソ連崩壊は、そのパラドックスを弁証法と歴史哲学のフィクションもろとも無残に打ち砕いたのである。ついでながら、わたしはヘーゲル流の「歴史哲学」を「歴史神学」と呼ぶことにしている。むろん、「国家の死滅」はマルクスやレーニンのまったくの夢物語にすぎない。

吉本隆明はさきの『週刊新潮』で「反原発で猿になる！」と吠えたとき、「日本の言論界を長年リードしてきた「知の巨人」である。レーニンに傾倒し、…」と紹介されている。超右翼の雑誌『撃論』のインタビュー「吉本隆明が解剖する「脱原発」と言う思想」も、「レーニンの思想に傾倒し、それを歪めた、スターリンを信奉するエセ共産主義者に対して、痛烈な批判を浴びせた」との紹介文を添えている。超右翼の雑誌が資本主義を礼賛する真正の共産主義者とやらのインタビューを掲載するのも、珍無類の滑稽な現象ではないか。

このインタビューにおいて、吉本隆明は「僕は国家と組織の問題を考える場合、レーニンの考え方が唯一正しいと思います」として、レーニンの『国家と革命』における「国家の死滅」の大ブロシキを広げる。すなわち、レーニンは「おおよそヨーロッパにおける革命が完成したなら、すぐに日常性にまで及ぶあらゆる制約や組織を解除してしまうべきだと言っています。つまり国家が消滅し、国家が管理運営してきた事業を民衆に委ねることです」「これだけはっきりと必要なことと必要でないことを明言したのは後にも先にもレーニンだけでしょう」と。思うに、レーニンの『国家と革命』を引き合いに原発を擁護したのは、吉本隆明の晩年の快挙（？）いや怪挙（！）ではなかろうか。

わたしはマルクスにならってこう言いたい。「よくぞ掘った、老いたるモグラよ！」と。しかし、人間の顔をもつ上半身に、馬の脚をもつ下半身のケンタウロスのごとく、レーニンの国家論を原発擁護に結び付ける吉本隆明は、さすが「知の巨人」と呼ばれるごとく並みの知識人ではなく、左右に無限大の振幅をもつ異例の知性の持ち主だ、とあらためて感心（？）というより寒心（！）したくなる。なぜなら、六〇年代安保・全共闘世代の新左翼の旗手から、三・一一以後の超右翼の雑誌の論客まで、その知性のウィングは左右に無限に広がっていくかのごとくだからだ。

さきの超右翼の雑誌『撃論』の「吉本隆明「反原発」異論」のインタビューの冒頭には、つぎのような解説が前文として添付されている。「もはや目はおぼろげにしか見えずとも、戦後最大の思想家、吉本隆明の頭脳はいまだ健在だ。「人類の進歩の先には政府すら要らなくなる」と確信し、エセ共産主義者との戦いに命がけで臨みながら生きてきた真正の共産主義者、技術の進歩こそ人間が人間たるゆえんだと語る吉本の反・反原発論は、保守・革新両陣営にとって無視できない重みを持っている」。いやはや、まったくもって恐れ多い言葉である。かつての新左翼の論客が回り回って超右翼の論客となる。資本主義の礼賛者が真正の共産主義者とされる。まことに珍無類の両棲類である。

わたしは旧左翼も新左翼もおしなべて、二〇世紀のマルクス主義とロシア革命と旧ソ連崩壊の歴史的出来事を批判的に総括できなければ、ほとんど死んだも同然との見解の持ち主だが、吉本隆明の悲劇は六〇年安保・全共闘世代の新左翼の一部の残党と周辺の知識人たちが、雑誌・出版メディアでひたすら吉本神話を維持する無形の吉本真理教を形成し、「戦後最大の思想家」だとか「知の巨人」などの美名で神がかりに祭り上げ、一切の批評や論争を封じてきたことにある。

そもそも、吉本隆明の仕事は日本の文芸の領域を除けば、少なくとも歴史・政治・思想の領域では、むろん相当ひねこびた島国の盆栽の個性は持つものの、国際的水準には遠く及ばない。このことはフーコーやボードリヤールやフェリックス・ガタリとの吉本隆明の対談を一読すれば一目瞭然のはずだ。それを真理教の信者たちが過大に持ち上げるから、吉本自身もすっかりその気になっておかしくなるのであって、吉本隆明のたんなる床屋政談を針小棒大にも大経済学に仕立て上げ、それをマルクスやケインズやモースやハイデッガーと並べる中沢新一編『吉本隆明の経済学』は、まさしく「鰯の頭も信心から」の見本である。

中沢新一は『ミクロコスモス』Ⅱ（四季社、二〇〇七年）で、吉本隆明の「マルクス紀行」や「マルクス伝」（『カール・マルクス』、試行出版部、一九六六年、新装版『カール・マルクス』、光文社文庫、二〇〇六年所収）に寄せて、「あとにもさきにも、日本にもヨーロッパにも、これほどに深いマルクス論に、私は出会ったことはない」（「吉本隆明さんをめぐる三つの文章」の「吉本隆明とマルクスの「三位一体」）と褒めちぎったが、「馬鹿も休み休みに言いたままえ」とわたしは言いたい。こういう評言は吉本真理教の信者の世界でだけ通用する密教の説教にすぎず、少なくともことマルクスに関する限り、中沢新一の思想的水準のあまりの低さとあまりの狭さを満天下にさらけ出しただけのものだ。

それはマルクスの私小説的な読みの一つにすぎない半世紀前の遺物である。これについては、すでにわたしが『原子力マフィア』で「これが世界のマルクス論の最高峰だと聞いたら、世界の思想史家やマルクス研究者たちは目の玉が飛び出るほど驚き、なにか自分たちが馬鹿にされたような気持になるのではあるまいか」、と批判しておいた通りである。

それでは世界のマルクスの読みの最高の水準は何かと問われるならば、わたしはたとえばハンナ・アレントの『人間の条件』（中央公論社、一九七三年）から『カール・マルクスと西欧政治思想の伝統』（大月書店、二〇〇二年）に至る邦訳書を推薦したいと思う。ひねこびた吉本隆明の私小説的な読みと比べたら、文字通り〝月とスッポン〟ほどの違いがある。これはマルクスの読みだけでなく、市民や公共性の概念など政治思想の全般にも当てはまることである。

わたしが『知の虚人・吉本隆明』で批判したように、もともと吉本隆明は根本的に政治思想を欠落するという空洞を抱えていたのであり、その空洞を埋めたのがナルシストに特有の穴倉のナルキッソス空間であった。そのナルキッソス空間から発せられた独り言を自他ともに、高邁な「世界思想」の「託宣」であるかのように受け売りしてきたことに、吉本真理教の教祖と信者たちの惨めにも滑稽な悲劇の始まりがあったのである。ところで、吉本隆明の政治思想が〝空洞〟を抱えているというのは、明らさまに言ってつまり〝空っぽ〟だということである。

吉本隆明には、インタビューの寄せ集めにすぎない『マルクス—読みかえの方法』（深夜叢書社、一九九五年）という雑文集がある。「マルクス」の「読みかえの方法」とは大きく出たものだが、わたしなら「マルクス—骨抜きの方法」と言い換えたい。中沢新一もどこかで「『資本論』の書

笑うレーニンと骨抜きマルクス

き換え」をするといった大ボラを吹いていたが、これまた『資本論』の形而上学的な史的観念論による骨抜き以外のものは期待できないだろう。

わたしは二〇世紀のロシア革命でマルクス主義が果たした役割にはまったく否定的だが、むろん「マルクス主義」と「マルクス」は区別して、いまでもマルクスの『資本論』は折に触れて参考にしている。それは『資本論』を永遠の真理の書として崇めるためではなく、あくまで歴史書として、その意義と限界を見定めながら、という条件つきであって、それを形而上学的に書き換えたら世界の経済の現実や将来が分かるなどということはあり得ない。金融資本に支配された今日のグローバル化した複雑な世界の政治経済の現実や将来は、マルクスの『資本論』を読んだからといって分かるわけではないのだ。どこまでも、いまある世界の歴史と現実の実証的な考察や分析の助けを借りないことには、それは理解できない問題だとわたしは考えている。

## 人間の「脳＝心」に始まり終わる、堂々巡りの中沢新一のトートロギー（同意語反復）の「詩的構造」

ここで、もう一度、中沢新一編『吉本隆明の経済学』をおさらいしておこう。それに先立って、「詩的構造の経済学」なるお題目の背景をなす中沢新一の『カイエ・ソバージュ』（講談社、二〇〇二―二〇〇四年、合本二〇一〇年）を見ておくのも、無駄ではあるまい。

中沢新一は『カイエ・ソバージュ』Ⅴ『対称性人類学』（講談社選書メチエ、二〇〇四年）で、スティーブン・ミズンの『心の先史時代』（青土社、一九九八年）など認知考古学の成果によりながら、現生人類のホモ・サピエンスが生まれる以前、つまり、ネアンデルタール人は大脳容量こそ巨大だったものの、いくつもの小部屋に分かれて設置されたコンピュータが、それぞれ独立に作動している状態に喩えられるように、小部屋のあいだに連絡通路がないため、お互いの思考を横断的に結ぶことができず、象徴的思考をつくりだすことができなかった、との考えを明らかにする。

ところが、四万年前から三万年ほど前、氷河期末期のヨーロッパに出現した現生人類は、ラスコーなどの洞窟で宗教的な祭儀を行ない、ヘラジカやバイソンなどの動物の恐ろしく写実的な壁画を残し、象徴的表現に関して革命的な飛躍を遂げた。それまで別個の小部屋に収まって、特化した機能を果たしてきたコンピュータ相互のあいだをつなぐ新しい回路が、ニューロン接続の組み換えによって実現され、その回路を通して異質な領域を横断していく流動的知性が働き始め、ここから象徴的思考が動き出したと言う。

認知考古学は、ひとつの知性領域とべつの知性領域のあいだに通路ができて、二つの領域が重ね合わさると、「喩」的な象徴表現が生まれると考える。中沢新一はここに「無意識」の概念を導入し、高次元の成り立ちをした対称性の論理によって動く流動的知性こそ、フロイトが「無意識」と呼んだものにほかならないとする。非対称性の論理に支配されて制度が発達しすぎたヨーロッパの近代社会では、「無意識」は「抑圧されたもの」として現われるが、このような考えは間違っていて、それは本来肯定的な意味を持つものだと読み換える。

象徴的思考には「圧縮」や「置き換え」によって、いくつもの意味を横断的につなぎ合わせる無意識の存在が不可欠で、フロイトが夢の研究を通して明らかにしたように、無意識は柔軟に形を変えていく液状の流動体のように、ある部分では密度を高めて「圧縮」を行なったり、するするとべつの場所にエネルギーを移動させる「置き換え」をたやすくやってのけるが、この「圧縮」と「置き換え」が、言語学者たちの言う「比喩」の種類である「メタファー（暗喩）」と「メトニミー（換喩）」に対応している。
ところで、中沢新一編『吉本隆明の経済学』の第二部「経済の詩的構造」によれば、人間の「脳＝心」は「生起」と「喩」によって人間の本質をなす「詩的構造」を備え、そこから「交換」も「贈与」も発生してくるが、資本の本質である「増殖」もまたこの人間の「脳＝心」の「詩的構造」から理解しなければならず、資本主義は「増殖性」を本質とした人間の「脳＝心」から生み出されたものである。

吉本隆明のいう「アフリカ的段階」は「詩的構造」を土台として形成された世界で、この「詩的構造」をもった「アフリカ的段階」に「ハイパー科学技術」を結合することによって、レーニンが実現しようとした国家の先にある世界がある。未来の革命は「超資本主義」の先か「アフリカ的段階」の先にしか現われ得ないが、いずれにとっても鍵を握るのは人間の「脳＝心」の「詩的構造」である。こうして「中沢新一版のノストラダムス」つまり「ナカザワダマシのトンデモ新予言」は終わる。

ノストラダムスならぬ
ナカザワダマシの新予言

要するに、中沢新一の『吉本隆明の経済学』は、人間の「脳＝心」に始まり、人間の「脳＝心」に終わる、まさに回り回るトートロギー（同意語反復）のごとき「詩的構造」とやらの操り人形で貫かれた、わたしのいう「空想経済学」ないしは「妄想経済学」のファンタジーの演し物以外の何物でもない。あくまで架空の世界の出来事だから、そこには歴史もなければ現実もないし、もちろん歴史や現実のデータすら踏まえていない。こんな〝机上の空論〟による〝妄想の楼閣〟の上に立つ、史的観念論の形而上学たる「経済学」のファンタジーでは、今日のグローバル化した世界の資本主義も金融経済の錯綜した現実も何も読み解けないし、それによって窮状が打開できるなどということはあり得ない。

せいぜい、スミスからリカードゥを経てマルクス止まりの吉本隆明の古色蒼然とした「経済学」の後追いよろしく、中沢新一の「経済学」にも「金融資本主義」の「キ」の字も出てこないのだから、それはファンタジーにふさわしい夢のような天下泰平の牧歌的世界である。いや、それは史的観念論の形而上学、というよりもファンタジーの形而上学的なお遊び、と呼ぶべきである。たしかに、ファンタジーとしては、なかなか手の込んだ出来栄えである。

## ファンタジーとしての『カイエ・ソバージュ』

中沢新一にとっては「神話論」だろうと「宗教論」だろうと、あるいはまた、「国家論」だろうと「経済論」だろうと、ちょっとスマートでハイカラな言葉と観念で架空の世界のファンタジーを一篇ものにすればそれでいいわけで、およそ理論上であれ現実上であれ解釈も解決もファンタジーの世界における言葉遊びの幻想的な天上の世界のことがらである。実のところ、この「経済学」なるもののファンタジー的性格は、中沢新一のカイエ・ソバージュからしてそうであった。

すなわち、カイエ・ソバージュⅢ『愛と経済学のロゴス』（講談社選書、二〇〇三年）の「マルクスの悦楽」で、中沢新一はマルクスの「剰余価値」を精神分析学の「剰余悦楽」にアナロジーし、「女の悦楽」や「ファロスの悦楽」といったエロチックな比喩を用いて、「ファロスの悦楽」の徹底された社会の先に「女の悦楽」の型の社会の出現を構想したのが、マルクスによる「資本主義のオルタナティヴ」

としての「コミュニズム」だなどと、たわけたことを言っている。

それにとどまらず、中沢新一は『カイエ・ソバージュ』Ⅴ『対称性人類学』の「ホモサピエンスの幸福」で、人間の幸福を「愛する恋人とセックスをしているときもたらされる」ような「性的体験」なかんずく「オルガスムス」の体験に求め、「ホモサピエンスの幸福は、流動的知性である対称性無意識なしには、考えることも想像することも、ましてや現実化することもできません。それは優れて人類的、あまりに人類的な現象なのです」と書いている。

「ホモサピエンスの幸福」とは大きく出たものである。わたしは「ホモサピエンスの幸福」などは一般化できるものではないと考えるが、中沢新一の言う意味でのそれは「人類的な現象」というよりは、動物界脊椎動物門哺乳鋼霊長目ヒト科ヒト族ヒト種の「動物的な現象」ではなかろうか。その昔、澁澤龍彦が『快楽主義の哲学』（光文社カッパブックス、一九六五年）で「幸福は快楽ではない」として、おなじ人間の感覚に根ざした現象である「幸福」と「快楽」を区別し、「幸福とは、まことにとりとめのない、ふわふわした主観的なものであって、その当事者の感受性や、人生観や、教養などによってどうにでも変わりうるものだ」と説いたことを思い出す。「快楽」がどこまでも感覚的のものであるのに対して、「幸福」は主観も含めて社会的なものである。

つねづね、中沢新一の著作活動にはクライシス（危機）の認識によるクリティーク（批評）、つまり危機意識に発する批評がないとわたしは考えてきたが、『吉本隆明の経済学』に先立つ『緑の資本論』（集英社、二〇〇二年）は例外で、二〇〇一年九月一一日にニューヨークとワシントンで起きたいわゆる米同時多発テロと呼ばれる九・一一事件の衝撃が背景にあった。それを中沢新一は「富んだ世界」と「貧困な世界」の「圧倒的な非対称」という言葉で表現し、それが「テロ」を招くとしている。しかし、中沢新一もかれを批判した島田裕巳（『中沢新一批判、あるいは宗教的テロリズム』）も、九・一一事件を公式発表通り「テロ」ととらえている点で、ともに認め難い。なぜなら、わたしが『終わりなき戦争国家アメリカ』（編集工房朔発行、星雲社発売、二〇一五年）でデータを挙げて示したように、九・一一事件は「テロもどき」の「巨大なデッチ上げ」事件にほかならず、アメリカ政府高官の関与ないしは共謀の疑いなくしてはあり得ない謀略と見るからだ。

とはいえ、わたしは『緑の資本論』が資本主義の起源についてのユニークな神学的もしくは宗教学的な一解釈であることを否定しない。それは西洋に特有の合理主義、なかんずく、その宗教的基礎としてのプロテスタンティズムの倫理が、近代資本主義の精神を生み出した、とするマックス・ウェーバーの有名な解釈と異なり、プロテスタンティズムのはるか以前のキリスト教神学、すなわちトマス・アクィナスに始まるスコラ神学の「三位一体」論に資本主義の精神の淵源を求める仮説である。

中沢新一によれば、もともと利子・利潤を禁止してきた一神教のなかでも、ユダヤ教は利子・利潤の禁止をユダヤ民族にだけは適用したが、異教徒や異民族からはむしろ積極的に取り立てることを推奨した。キリスト教世界では、生産力の増大と商業活動の活発化が本格化し始める一三世紀以降になると、教会は利子・利潤の獲得に対する抑制を急速に弱め始め、そこから資本主義の形成の道が開かれる。しかし、「タウヒード（一化）」を原理とするイスラームだけは利子の厳禁を法として貫いた。ちなみに、タウヒードとは、すべてを一に化して考えるイスラームの基本的な世界観であり、神は一であるのみならず、一なる神によって等しく創造された被造物はすべて等位にあるとみなされ、万物はすべて差異的であるが、同時に等位に立って一つに協調するというのが、その根幹をなす思想である。

資本主義の対極には、資本主義にはなじまず、利子・利潤を禁止したイスラーム経済の存在と原理がある。こうして、「イスラームとは、その存在自体が、一つの経済学批判なのだ。原理としてのイスラームは、巨大な一冊の生きた「緑の資本論」である。資本主義にとっての「他者」は、この地球上にたしかに存在する。イスラームはわれわれの世界にとって、なくてはならない鏡なのだ」との結論に導かれる。すなわち、中沢新一のいわゆる「緑の資本論」とは、マルクスとは別のもう一つの「経済学批判」という意味合いであることが分かるが、いつものことながら、それもトバ口で止まったままだ。

周知のように、イスラームの聖典『クルアーン』（『コーラン』）は「利子」を厳禁している。小杉泰／長岡慎介『イスラーム銀行』（山川出版社、二〇一〇年）によれば、イスラーム世界は一九世紀から二〇世紀初めにかけて、西欧列強に植民地化され、「利子」に立脚した世界経済システムに統合され、アメリカを源流とするグローバリズムの波に飲まれたが、一九七三年の第四次中東戦争と産油国の石油戦略の発動をきっかけに、一九七五年のドバイ・イスラーム銀行を皮切りとして、「利子」を取らない「無利子」の商業銀行の「イスラーム銀行」が相次いで設立された。ドバイ・イスラーム銀行の設立から一〇年ほどのあいだに「イスラーム銀行」は五〇を数えるようになった。

フリー百科事典『ウィキペディア』の「無利子銀行」で最新の状況を見ると、無利子を標榜しているイスラーム銀行やイスラーム金融会社は全世界に二〇〇以上あり、総資産は一一六〇億ドル（一九九五年ベース）、年率一五―二〇パーセントで成長している。いまでは、イスラーム銀行は国際通貨基金も公認する銀行システムの一つとなっている。イスラーム銀行は各銀行ともシャリーア諮問員会を設け、法学者が各銀行の考案する金融商品を吟味する仕組みとなっている。この諮問委員会の同意がなければ、いかに革新的で実用性の高い金融商品といえども実際の業務に用いることはできない。

利子に依拠しないイスラーム銀行が扱う金融商品には、たとえば一方が資金を提供し、他方がその資金を使って事業を手掛ける「ムダーラバ契約」と呼ばれるパートナーシップ契約がある。あるいは、また、複数の取引当事者の出資によって事業組合を設立し、その組合の事業から発生した利益と損失を当事者の間で分配するムシャーラカ契約など、いくつかの金融商品がある。

イスラーム法学を見直し、現代のイスラーム銀行やイスラーム金融に道をつけた法学者の一人、ムハンマド・バーキルッ＝サドルは、その『イスラーム経済』（未知谷、一九九三年）でイスラームの聖典『クルアーン』の「利息を貪る者は（復活の日に）悪魔に取りつかれて倒れたものがするような起き方しかできないであろう。…しかし、アッラーは商売を許し、利息を禁じたもうた」の章句を引用して書いている。「貸付金におけるリバーは、イスラームでは禁止されている。…したがって貸付は、利子なしでしか許されない。債権者の権利は元金を返済せしめることだけで、いかに少額であっても増加分は認められない。この規定は、イスラーム的にきわめて明確であるため、イスラーム法における絶対的規定の一つに数えられている」と。

イスラーム世界の無利子銀行については、サドルがクウェート政府の依頼により執筆した一九六三年の『無利子銀行論』（邦訳『無利子銀行論』、未知谷、一九九四年）があるが、これは資本主義が存在しない環境におけるイスラーム法に立脚した制度の理念的な構想ではなく、むしろ資本主義的環境のもとで普通の商業銀行と同類の銀行でありながら無利子銀行として成立する根拠と可能性を探求したきわめて実践的な著作である。というのも、銀行は「イスラーム法の諸規定に違反してはならない」が、同時に、「現実の腐敗した環境においても、十分に機能し、成功し得る能力を持たなければならない」

からである。

サドルによれば、「リバー〔利子〕を抑制する無利子銀行が、利子付きで個人や企業にカルド〔利子や損益を伴わない信用供与 ― 引用者〕を供与することは禁じられているが、イスラームと無縁な民間銀行や、イスラームを適用していない政府の銀行に、利子つきで預金することは認められている」。ここでサドルが持ち出すのは、イスラーム法でムダーラバと呼ばれる法的関係である。ムダーラバとは「事業を開始するさいに、資本家と資金需要者とが締結する特定契約」で、事業で利潤が生じれば両者は合意した割合によって利益配分を行ない、事業が失敗に終わり資本金の一部あるいは全部を損失した場合には、その損失は資本家に帰せられ資金需要者たる事業者には及ばない、とするものである。サドルにとって、イスラームの無利子銀行も銀行であるからには資金の仲介者的役割を持つが、実質的には銀行という形式を取った生産的事業体でとしてムダーラバ契約に参画しているわけだ。それは労働だけが収入の源泉だとする『イスラーム経済論』の原則にもかなっているのだろう。

一九七三年と一九七九年のオイルショック以降、世界的な金融危機が相次いで地球を駆け巡り、ドル支配のアメリカの二〇〇八―九年のリーマン・ショックやユーロ圏のギリシアの二〇一五―六年のデフォルト危機などに、近年の資本主義世界の金融危機の危険な兆候が象徴された。イスラームの無利子銀行が、こうした資本主義世界の金融危機にどう対処したかの検証も含めて、今後の可能性を見守る必要がある。

ここで、中沢新一の「対称性人類学」に立ち返ろう。「対称性人類学」なるものは、人類学や神話学の読みにおける一つの革新、ないしは革新的な読みとしては認めることができるものの、吉本隆明が前近代の「暗黒主義」とか「原始主義」と称して否定した現代のエコロジー、すなわち、科学としての生態学が力強く打ち出したメッセージの二番煎じと言えなくもない。生態学に立脚したエコロジーの社会運動は一九世紀後半以後、全世界で一世紀半近くの歴史を持つ。

中沢新一自身もあるインディアンの山羊の神話にこと寄せて、そこにインディアンの「エコロジーの科学」ひいてはまた「エコロジーの哲学」を見出しているが、エコロジーこそ革命的な現代の新しい科学であって、たとえば三・一一後の中沢新一の『日本の大転換』なども、言うなれば半世紀遅れのエコロジーの後追いにほかならない。

中沢新一は『カイエ・ソバージュ』の対称性人類学を『森のバロック』の発展として位置づけている。しかし、私見では、『森のバロック』はいわば文化人類学のフィールドワークに相当し、『カイエ・ソバージュ』よりも重要な仕事である。なぜなら、生態学者でもあった南方熊楠は、柳田國雄のいわゆる「日本民族の可能性」の限界を体現した素戔嗚尊型の巨人で、二〇世紀初頭に「エコロギー」なる言葉で「エコロジー」の思想をいち早く日本に紹介し、自ら神社合祀反対運動でエコロジー運動の先鞭をつけたからである。そこからさまざまなメッセージを読み取り、南方熊楠の仕事を多方面に発展させるのは自由で大いに望ましいことだが、わたしは対称性人類学なる大ブロシキを広げるより、いまある生態学の思想を深めて環境運動に役立てることの方が先決と考える。

エコジーを「原始主義」「暗黒主義」と呼ぶ吉本隆明の頭の中こそ、まさに「原始的」な「暗黒世界」そのものであって、すでに、『原発と御用学者』などで再三批判したように、吉本隆明は「科学」と「技術」を根本的に混同している。たとえば、原発は「科学」そのものではなく、「科学」を応用ないしは悪用した「技術」の一つにすぎず、それは原爆の副産物として生み落とされたものだ。原爆は戦争における巨大な殺傷力の獲得のために、マンハッタン計画で「歴史的」かつ「人為的」に開発されたものであって、およそ「自然史」や「自然史的過程」とは何の関係もない。

原発も同様に自然史や自然史的過程の産物ではなく、これまた歴史的かつ人為的過程の産物以外の何物でもない。最近の例を挙げれば、三・一一以後の日本の原発の再稼働にしたところで、安倍政権の登場という人為的な出来事を追い風に、自民党と経産省と財界を中心とした政官財複合体――わたしのいわゆる「原子力マフィア」の面々が強力に進めようとしている事柄にほかならず、吉本隆明が言うような「自然史」や「自然史的過程」、あるいはまた、中沢新一のいう人間の「脳＝心」の「詩的構造」などとは何の関係もない。むろん、安倍晋三や政官財のお歴々も、お粗末とはいえ「脳＝心」は持っているが。

吉本真理教の信者たちは教祖を前にすると、まるでヘビに睨まれたカエルのように卑屈になる。このため、吉本隆明の「世界を凍りつかせる」という魔法の暗示にかかって、文字通り凍りついてしまって穴倉の中で身動きできなくなる。この「世界を凍りつかせる」という言葉を『吉本隆明の経済学』の「経済の詩的構造」で引用している中沢新一もまた、その凍りついてミイラ化してしまった世界の住人として、「自然史」や「自然史的過程」といった吉本真理教の呪文を唱え続けているのだ。

# 第六章　「日本トンデモ本大賞」の有力候補

## ―副島隆彦トンデモ推薦の吉本隆明トンデモ本『「反原発」異論』

### 「日本トンデモ本大賞」の受賞者が推薦する吉本隆明の遺稿集『「反原発」異論』

ここまで書いていよいよ擱筆という段階になって、二〇一五年の新年早々に吉本隆明の『「反原発」異論』（論創社、二〇一五年）を手にした。自ら誰はばかることなく「吉本主義者」を名乗り、小林よしのりを「自分の師」であると絶賛し、「日本トンデモ本大賞」を二度も受賞している文筆家の副島隆彦が、「悲劇の革命家　吉本隆明の最後の闘い」なるオビと序文を寄せている。いやはや、滑稽にも中沢新一が吉本隆明を「世界有数」の「経済学者」に数えたかと思ったら、こんどは副島隆彦が吉本隆明を日本の「最高の頭脳」で「悲劇の革命家」に祭り上げるという始末だ。

そのなかで、副島隆彦は三・一一後の新聞インタビューにおける吉本隆明の「科学技術に退歩はない」発言を取り上げ、「この吉本隆明の発言は正しい。かつ優れている。日本一かつ世界一優れている」、ともろ手を上げて万歳三唱している。三度目の「日本トンデモ本大賞」の受賞も間近かである。吉本隆明の反原発批判については再三批判してきたので、わたしも正直なところウンザリするが、安倍政権が強引に原発再稼働に踏み切ったこの時期だけに、吉本隆明の『「反原発」異論』の要点と副島隆彦のトンデモ評言を紹介しておかねばなるまい。

「日本トンデモ本大賞」は、オカルトをはじめ世間のトンデモ本やトンデモ物件を品評する唐沢俊一らの読書集団「と学会」の演し物で、日本で前年度に刊行された数多くの書物のなかで、もっともトンデモないもの、つまり、最高のトンデモ本を選ぶ企画である。「と学会」で選定した数冊のノミネート本のほか、一般投票で候補作として推薦された本のうち、もっとも多くの票を集めた本だそうである。

受賞作は第一回（一九九二年）の川尻徹『ノストラダムス複合解釈』、『ノストラダムス戦争黙示』（徳間書店）に始まり、わが副島隆彦先生も『人類の月面着陸は無かったろう論』（徳間書店）で第一四回（二〇〇五年）の受賞者である。二〇一〇年は大川隆法の『宇宙人との対話』（幸福の科学出版）だが、二〇周年大会ということで「ベスト・オブ・ベスト」に歴代大賞作品から『人類の月面着陸は無かったろう論』が再び選ばれている。こうした赫々たる勲功の副島隆彦先生の推薦付きだから、吉本隆明の『「反原発」異論』もたいしたトンデモ本と言わねばなるまい。いや、この本自身が二〇一五年の「日本トンデモ本大賞」の有力候補である。

## フクシマでメルトダウン（炉心溶融）は起きていないとするトンデモ本の大家

さすがトンデモ本の大家と言うべきか、副島隆彦は福島第一原発ではメルトダウン（炉心溶融）は起きていない」と断言する。「メルトダウンが起きた」と騒いでいるのは、「物事の真実を明確に自分の脳（頭）で確認しようとしない愚か者たち」だそうだ。とすると、メルトダウンを認めた日本の原子力当局や東電幹部たちもまた、副島隆彦のいわゆるとんでもない「愚か者」ということになる。

副島隆彦のもう一つのトンデモ発言は、「原発事故のあと三年九カ月たつが、現在に至るも、福島の現地では幼児ひとり、作業員ひとり原発事故による漏出した微量の放射能（放射性物質）による病人、発病者はひとりも出ていない。たったひとりも病人はいない。福島の現地の人々は全員元気だ」という断定である。

はたしてそうか。二〇一一年三月二四日には、三号機のタービン建屋の地下一階で作業員三人が被曝して病院に運び込まれている。これは当時の新聞でも報道された事実なので、副島隆彦ならずとも誰でも調べてみれば分かることだ。

そのタービン建屋の地階の水溜りからは、一立法メートル当たり三九〇万ベクレルの放射性物質が検出されているが、これは通常の原子炉の冷却水の一万倍に相当する濃度である。

これまた調べれば分かることだが、事故直後の原子炉建屋内の放射能汚染はものすごく、とてつもない高線量が観測されている。たとえば、事故から一カ月以上の四月二四日に東電が公開した三号機の原子炉建屋付近のデータでは毎時九〇〇ミリシーベルト、事故から三カ月近くの六月三日には一号機の原子炉建屋内の配管で毎時四〇〇〇ミリシーベルト、八月一日には一号機と二号機の原子炉建屋の間の主排気塔付近で毎時一万ミリシーベルト以上、といった放射線量が記録されている。

ちなみに、放射線の人体への影響をみると。四〇〇〇ミリシーベルトを超えると半数が死亡し、六〇〇〇ミリシーベルトを超えると全員が死亡する数値である。

一方、副島隆彦が自ら測定した放射線量は、三月二八日に福島第一原発の正門前で、毎時八六〇マイクロシーベルトだったが、「こんな微量では人間は死なない。誰も発病しない。これの一〇〇〇倍でも病気にならない」。三月一五日には正門で毎時八二六〇マイクロシーベルトだが、「こんなものでも微量であるから誰も発病、発症しない」と書いている。

はたしてそうか。毎時八六〇マイクロシーベルトは年間換算七五三三ミリシーベルト、八二六〇マイクロシーベルトは年間換算七万二三五七ミリシーベルトで、「微量」どころではない。むろん、正門前に居住する住民や労働者はいないとしても、だ。

福島県下の子どもを対象に被曝による甲状腺への影響を調べている福島県の調査で、福島第一原発事故から五年目の二〇一六年二月の「県民健康調査」の検討委員会の結果が公表されたが、それによると小児甲状腺ガン患者は一六六人だった。小児甲状腺ガンは通常一〇〇万人に一人か二人見つかるとされる珍しい病気なので、現状は「多発」状態であることを示している。検討委の星北斗座長（福島県医師会副会長）らは中間とりまとめ最終案で、被曝との因果関係を「完全には否定できないが」としつつも、国や県の「考えにくい」との公式見解を踏襲した。旧ソ連のチェルノブイリ事故で子どもの甲状腺ガンが増えたのは事故後四年目以降であることから、今後の経過観察が必要である。

しかしながら、こういった個々の事実もさることながら、いったいフクシマでなにが起きたのか、という総体的な状況の把握こそが問題である。

フクシマの原発事故の総体的な状況について、わたしは『放射性廃棄物のアポリア―フクシマ・人形峠・チェルノブイリ―』（農文協、二〇一二年）や『フクシマ・沖縄・四日市―差別と棄民の構造―』（編集工房朔発行、星雲社発売、二〇一四年）で取り上げた。

フクシマで起きていることを概括的に言えば、①本来なら日本の法令で「放射線管理区域」に指定されるべき高濃度の放射能汚染地帯で二〇〇万人もの住民が生活している②一六万人の原発難民が発生してふるさとを追われ、いまだ一〇万人がふるさとに帰るに帰れない状況である③フクシマ原発事故のあと始末には膨大な下請け労働者群が投入され、被曝を前提にいのちを切り売りさせられている④放射能は消えてなくなるものではなく、いわゆる「除染」は「移汚」以外の何物でもない⑤汚染廃棄物や使用済み核燃料は持って行き場がなく、使用済み核燃料に至っては一〇万年の管理が必要だが、一〇万年となると地域・国家・人類の存続すら危しく、「あとは野となれ山となれ」の「核の毒のタレ流し」に終わる公算が高い⑥膨大な放射能汚染水のダダ漏れが止まらず、最終的には太平洋に流れ出て太平洋汚染を引き起こす。

たしかに、フクシマ原発事故では放射能を浴びて人がバタバタと倒れるといった直接的な大惨事こそ免れたとはいえ、そもそも一六万人の住民が避難せざるを得ず、いま見たような目に見えぬ緩慢な殺人や傷害が広範囲かつ多面的に進行しているのだ。

## 吉本流に言えば科学の進歩のためには核兵器こそ必要ではないか

副島隆彦は吉本隆明の『「反原発」異論』に寄せた序文の最後で、三二年前の『「反核」異論』の駄法螺を蒸し返している。すなわち、「自然科学的な「本質」からいえば、科学が「核」エネルギイを解放したということは、即自的に「核」・エネルギイの統御（可能性）を獲得したのと同義である。また物質の起源である宇宙の構造の解明に一歩を進めたことを意味している。これが「核」エネルギイにたいする「本質」的な認識である」。

この頓珍漢な駄法螺に吉本隆明の「原発」認識が凝縮されているが、すでにわたしが繰り返し批判してきたように、吉本は「科学」と「技術」ないしは「科学技術」を完全に混同しているのだ。原発が「物質の起源である宇宙の構造の解明に一歩を進めた」とはお笑い草である。

『原発と御用学者』でも指摘したが、「宇宙の構造」や「物質の起源」の解明は、たとえば原初の宇宙の大爆発であるビッグバンの直後に誕生したとされる素粒子の一つ、ヒッグス粒子についての最近の科学上の大発見に関係する事柄ではあっても、原発がそれらの解明に一歩を進めたということはない。逆立ちした認識である。

吉本はさきの『「反核」異論』の駄法螺に関連して「半衰期が約二万四千年だから、約五万年も放射能が消えないプルトニウム廃棄物質にまみれて、あたかも糞尿に囲まれて生活するかのような妄想を、大衆に与えるほかに、どんな意味もない」とも書いているが、「糞尿に囲まれて生活する」のは、「プルトニウム廃棄物質にまみれて」生活するよりははるかにましではないか。

原発は「科学」を「応用」というより「悪用」した「技術」たる核兵器の副産物だが、そうであるからには、吉本の命題は原発うんぬん以前に、「人類の科学の進歩のために核兵器は必要である」、「核兵器の研究や使用をつづけなければならない」となるはずだ。それゆえ、吉本はさきの駄法螺で、反核や反原発を「倫理的反動」「総敗北主義」とこき下ろすわけだ。

なぜなら、「発達してしまった科学を、後戻りさせるという選択はあり得ない。それは人類をやめろ、というのと同じ」だからである。「危険な場所まで科学を発達させたことを人類の知恵が生み出した原罪と考えて、科学者と現場スタッフの知恵を集め、お金をかけて完璧な防御装置を作る以外に方法はない」（『日本経済新聞』二〇一一年八月五日のインタビュー）。

その言やよしだが、それでは、いったい、どういう方法があるのか。吉本隆明のトンデモ本の見解によれば、高さ一〇キロの煙突をつくったり、核廃棄物をロケットで打ち上げて宇宙に捨てるのだそうだ。「例えば立派な囲い、ないしは放射能を通さないような設備の中に、原子炉をすっぽり入れてしまう。非現実的ですが、高さ一〇㎞の煙突をつくり、排気物質や放射性物質は、上空高く移動させて、人間の生活範囲内にこないようにする」（『撃論』二〇一一年一〇月の特別インタビュー「吉本隆明が解剖する

「〈脱原発〉という思想」)。

かりに高さ一〇キロのウルトラ超高層煙突をつくったところで、放射能の広域拡散にこそなれ、放射能を人間の生活範囲内にこないようにすることなど、とうていできない相談ではないか。「四つん這い」で脱原発退治に乗り出した吉本隆明も、さすがに「脳軟化」の症状を呈しているようにわたしは思ったが、「脳軟化」以前にはもっと大胆というか奇想天外な発想を公けにしていた。

## 核廃棄物をロケットで打ち上げて宇宙空間で処理する吉本隆明の超トンデモ見解

少し古い話だが、吉本隆明のトンデモ見解の極め付きは、『原発と御用学者』で批判した核廃棄物をロケットで打ち上げて宇宙空間で処理するという、アッと驚く奇想天外の珍説奇論である。すなわち、吉本いわく。「これは宇宙における物質代謝を考えればすぐにわかるのと同じように、核廃棄物を打ち上げて宇宙代謝する。宇宙空間で処理できない物質代謝はないんです。科学的には可能です」

(『家庭画報』一九八六年八月号の吉本隆明「原子力エネルギー利用は不可避、現在の「反原発」はおかしい」)。

これは旧ソ連チェルノブイリ原発事故直後の発言だが、この年一九八六年一月には、アメリカのスペースシャトル・チャレンジャーが打ち上げに失敗して爆発・炎上している。もし、核廃棄物を詰め込んだロケットが打ち上げに失敗して爆発・炎上したら、全面核戦争を上回るおぞましい地球汚染をもたらすだろう。それ以前に、ロケットの建設・打ち上げにかかる膨大な費用を考えたら、核廃棄物

核廃棄物はロケットで
宇宙空間に

の処理費用が原発による電力生産を上回り、いったい何をやっているのか分からなくなるだろう。

　副島隆彦は『「反原発」異論』を「悲劇の革命家吉本隆明の最後の闘いだ！」と書いているが、吉本隆明が「革命家」とは、これまたトンデモ本のお笑いの一席である。いかにも、『激論』や『週刊新潮』の「反原発で猿になる！」で、老骨に鞭打って三・一一の沈没原発に向かって「四つんばい」で突進する吉本隆明の「原発特攻隊員」としての晴れ姿は、「往年の軍国青年ここにあり！」を満天下に知らしめた「悲劇」というより「喜劇」の「最後の闘い」だったであろう。

　吉本隆明の『「反原発」異論』は世にも稀なトンデモの駄本であるが、そのトンデモぶりをひとまとめに一目で見渡すには便利な本である。安倍晋三の原発再稼働路線に金魚の糞のように続く、ボケた老人のタワゴトも「枯れ木も山の賑わい」と言えよう。

「編者あとがき」を書いている宮下和夫は、吉本の言うこと書くことなら聖典として、一言ももらさず黙々拝聴で、ヤマッ気の副島隆彦とはまたひと味違ったクソマジメ教の〝吉本中毒患者〟であって、吉本真理教はこの種の聖典崇拝のクソマジメ教の〝吉本中毒患者〟によって構成されているのである。

　吉本隆明は戦後思想家としてはとっくの昔に死んでいるのに、アルフレッド・ヒッチコックの『サイコ』（ユニヴァーサル・スタジオ、パラマウント映画、一九六〇年）さながら、あたかも生きているかのように装われてきた。それは六〇年代安保・全共闘世代の編集者・出版人たちが、その都度流行の作家や評論家と対談させて、吉本がつねに時代の先端に立っているかのような虚構を演出してきた結果でもある。わたしはこの現象を〝ドラキュラの輸血〟ないしは〝昭和天皇の輸血〟の吉本版と呼んできた。

〝ドラキュラの輸血〟ないしは〝昭和天皇の輸血〟で特筆すべきは、フランスのミシエル・フーコーやボードリヤールを呆れさせた対談だが、吉本隆明の取り巻きたちの必死の工作も本人の無残な地のボロで台無しになったものの、吉本真理教の中毒患者にとっては「あのフーコーと対談した」「ボードリヤールと渡り合った」と神話化ないしは神格化して受け取られ、吉本神話に〝箔〟をうける〝虚構〟となったのである。すでに示唆したように、フーコー本人は対談後、「これが戦後日本の代表的思想家か？」とすっかり呆れたに違いないにもかかわらず、だ。

最後に、わたしは吉本隆明を「戦後思想家」と書いてきたが、実はかれはもともと軍国青年の戦中思想家であって、その戦中思想家が一九六〇年安保闘争と六〇年代の政治の季節に反日共系全学連と新左翼に出会い、戦後思想の息吹きに触れたのであって、吉本の戦後思想とは戦中思想の奇妙な変種とも言える。吉本隆明が戦中思想を根底に保持していることは、『撃論』からも明らかである。

# 第二部

## バブルに浮かれた亡きグルの語り

中沢新一が絶賛した吉本隆明の仕事の解体構築

# 第一章　引き裂かれた都市論

## ─自家撞着の「大衆の原像」と「アジア的」の大ブロシキ

### 東洋の貴種たる和製ケンタウロスまたは和製ゾンビ

中沢新一は吉本隆明の死を追悼した一文で、「吉本さんは、同時代の世界中のどんな思想家をもも凌駕する、斬新で大胆な思考を展開してみせた。『ハイ・イメージ論』の連作に結晶する、驚くべき仕事がそれである」（『朝日新聞』二〇一二年三月一八日の「ニュースの本棚」の「吉本隆明の経済学」、文藝別冊『さよなら吉本隆明』、河出書房新社、二〇一二年五月に再録）とベタ褒めした。これまた亡きグルのためのパヴァーヌで、いくら祝儀相場ならぬ不祝儀相場のヒイキの引き倒しとはいえ、こうした評言は中沢新一の思想の貧困と学者としての力量のお粗末なレベルを問わず語りに明るみに出す以外の何物でもない。

吉本隆明を「知の巨人」とか「戦後最大の思想家」とする過大評価に対しては、すでにわたしは『知の虚人・吉本隆明─戦後思想の総決算』（編集工房朔発行。星雲社発売、二〇一三年）で答えた。それは一九六〇年代の安保・全共闘世代の若者たちの人気スターにした「自立の思想」「大衆の原像」「共同幻想」などのキイ・ワードを批判的に検証し、それらを世界の思想の水準に照らして解体し脱構築ないしは解体構築することを通して、じつは「知の巨人」が東海の島国のひねこびた「知の虚人」にほかならいことを明らかにしたつもりだ。

吉本真理教の信者たちから「戦後最大の思想家」と担がれた吉本隆明は、戦中派の「右翼」の愛国少年・軍国青年から戦後の一九六〇年安保闘争で、一挙に「新左翼」に転向して往年の「左翼」へのルサンチマン（怨恨）を晴らし、一九七〇年代以降は戦後資本主義の高度経済成長やバブル経済とともにそれを謳歌しつつ「新右翼」に再転向して、安んじて戦中派の故郷に本卦がえりする軌跡をたどった。そのなれの果てが、二〇一一年の三・一一の直後、反原発派をせん滅せよと言わんばかりのゲキを飛ばす超右翼の雑誌『撃論』（オークラ出版、二〇一一年一一月）に、自民党代議士の町村信孝や元航空幕僚長の田母神俊雄らと並び立って、威風堂々と凱旋した〝往年の軍国青年〟の〝晴れ姿〟であった。

さきの第一部「亡きグルのためのパヴァーヌ」に引き続いて、これから第二部で「バブルに踊った亡きグルの語り」を取り上げるが、わたしがすでに『知の虚人・吉本隆明』で批判済みのこと、並びに、さきの中沢新一編『吉本隆明の経済学』に寄せて書いたことはなるべく重複を避けて省き、中沢新一が絶賛した『ハイ・イメージ論』を中心に、吉本隆明の主要命題を徹底的に解体して脱構築ないしは解体構築し、この東海の島国の〝ハダカの王様〟の〝正体〟を丸裸にするとしよう。

その昔、吉本隆明が『共同幻想論』の「序」で、クジャクが羽根を一杯に広げて敵を脅すように、自分の仕事は「世界思想の領域」の仕事だと強弁する神掛かりの身振りでもって、大見栄を切ったことを思い出す。しかし、わたしに言わせれば、少なくともその「世界思想」から見る限り、吉本真理教の信者たちが〝思想の神様〟と崇めているのは、実はアニメや映画の世界のひねこびた〝和製ゾンビ〟や〝和製ミイラ〟の化身のようなものであって、まことに滑稽な語るに落ちた話にほかならないことを明らかにしたい。

まず、吉本隆明の『ハイ・イメージ論』（福武書店、一九八八九年）は、一九八〇年代から九〇年代にかけての、つまり、日本のバブル期の都市再開発の時期の著作である。中沢新一の「世界中のどんな思想家をも凌駕する」との吉本評は、自らの編著『吉本隆明の経済学』（筑摩書房、二〇一五年）でそれがマルクスやケインズをも超えるなどと九天の高みに持ち上げた言葉ともども、イカサマ大バクチの「呆れた」発言で、それこそ歯が浮いてくるほどだ。

たしか一九七〇年代の初頭だったように記憶するが、来日中のドイツの詩人で批評家のハンス・マグヌス・エンツェンスベルガーが、新聞への寄稿のなかで東京を巨大なモンスターにたとえ、東北の人間が上京して受けるであろうカルチャー・ショックについて書いているのを読み、なかなか鋭いところを突いているなと感心したものである。

それは決して他人事ではなく、山陰の地方都市の出身であるわたし自身にも当てはまることであって、第二次世界大戦後の高度経済成長の上昇期の一九五〇年代末から一九六〇年代初めに受験のために上京し、やがてそこで下宿生活を送るようになるマンモス都市・東京は、文字通り異様な怪物に見えた。今日のようなテレビが普及した時代と違って、当時「標準語」と呼ばれた東京弁ひとつとっても、最初は馴染みにくく口にするのも恥ずかしいくらいだった。

さて、それから半世紀経った現在、Uターンして三〇年以上になる郷里の地方都市から眺める限り、東京は華やかな外観と目まぐるしい変貌の下で、ノッペラボーのようにとらえどころのない巨大都市に超高層ビルが立ち並び、止まることを知らない過度成長の結果として巨大症の深い病いに冒されて喘いでいるように見える。

わたしはアメリカの文明批評家にして技術史家のルイス・マンフォードが『歴史の都市　明日の都市』（新潮社、一九六九年）で、「都市成長の限界」と呼んだ「巨大症」もしくは「巨大都市象皮病」という言葉を思い出す。今日の都市は東京に限らず、いろいろな病いに冒されているが、なかでも都市爆発の二大病というべき「過大化」と「過密化」は深刻であって、それを象徴するのが郊外スプロール化と超高層化なる現象である。

それにしても、安保騒動で大揺れに揺れた一九六〇年の前後、東京の都心にもまだ都電が走っていて、このチンチン電車に乗りガタゴトガタゴトの音とともに銀座見物に出向いたり、ちょっと郊外に足を伸ばすと畑や竹林など牧歌的な田園風景の面影が残っていたりしていたのが、いまでは信じられないくらいだ。

しかし、ガン細胞の自己増殖のごとき無秩序な拡張を意味するスプロール化現象のもとに、それらを一切飲み尽し、今日見る通りハイウェイが縦横に走り、超高層ビルの谷間にあって住民が交通ラッシュと住宅難と地価高騰に悩み、まことに住みにくい超過密の巨大都市へとこの首都が変貌していったのは、一九六四年の東京オリンピックあたりが転機ではなかったかと思う。

詩人にして文芸批評家の吉本隆明が幼少時を送った東京の下町の民家や路地裏が、巨大都市の再開発のローラーに押し潰されるようにつぎつぎ姿を消していったのも、このころのことである。その吉本隆明が『情況』その他で都市に関するエッセイを書き始めたのも、これと符節を合わせている。

吉本隆明の『ハイ・イメージ論』の副産物たる都市論集『像としての都市』（弓立社、一九八九年）の第Ⅱ部に収録されている「都市はなぜ都市であるか」「非芸術の論理」「修景の論理」などがそれに当たるが、その内容を一言にして表現すれば、自らが生まれ育った東京の下町への愛着と哀惜であって、要するに吉本隆明にとっての古き良き時代への挽歌である。

その挽歌も自らカメラを担いで東京の下町から消えてゆく民家を訪ね歩くという熱の入れようで、

そのスナップ写真は自然の目の位置から民家のたたずまいをとらえた風物詩として、写真が苦手のわたしなどにはなかなかの出来のように思われる。エッセイについて言えば、下町の民家や路地裏や子供の遊び場としての原っぱに寄せる眼差しと観察は、いい意味での庶民的な感性の背伸びをしない表白である。

と同時に、それらを消し去ったり近代化してデフォルメしていくものへの無言の抗議の姿勢も含んでいて、とにかく率直に読める部分である。『像としての都市』の第Ⅲ部に収録されている「鷗外、漱石の見た東京」なども、それから三〇年近くの歳月を隔てているが、この系譜の延長線上にある肩のこらない東京の文学散歩と言っていい。

しかしながら、そのおなじ都市論集『像としての都市』で、「アジア的」とか「東洋的専制」といった大ブロシキを広げて日本の民家や集落の様式を特徴づけたり、背伸びをし高下駄をはいて都市の「起源」や「ユートピア」を理論めかして語る段になると、およそ都市あるいは都市的なものについての歴史的考察の素養も蓄積も、あるいはまた、そのための道具立てもからっきし欠いているため、思いつきの域を出ない低水準のヘリクツに堕してしまう。

吉本隆明はせいぜい下町の回想や東京の文学散歩のあたりに、自らの都市論をとどめておけば無難だったのだが、一九六〇年代安保・全共闘世代に担がれて、つねに時代の先端に立つ思想家、という自他の錯誤にすぎない虚構の維持のため、柄にもなく背伸びして遅れてきたモダニストよろしくハイブラウを気取るから、馬脚を現わさざるを得なくなる。

その消費を神話化した吉本隆明の都市論は、ベトナム反戦運動と全共闘運動が終焉した一九七〇年代初頭以降の脱政治化とアパシー化の時代に、二度の石油ショックを乗り切って高度経済成長と大衆消費文化の爛熟へと至る戦後日本資本主義に同伴し、これをもって大衆が解放されたと礼賛する保守的な体制内の批評家の文筆活動へと旋回していった。

これは吉本隆明の終戦後の右翼から左翼への転向についで、（新）左翼から（超）右翼への二度目の戦後転向の始まりを告げるものであった。はからずも、それはこの戦後批評家の人気を高めたキイ・ワードの一つ、「大衆の原像」なる教説の底の浅さと風化を露呈する結果となった。つまり、「大衆の原像」のメッキがはげ落ちてしまい、あるがままの「消費大衆」という「大衆の現象」に格下げされたのである。

都市論の貧困は政治論の貧困と表裏一体だが、いずれも歴史認識の欠如と裏腹な関係にある。空っぽの都市では政治も歴史も薄暗い穴倉のがらん洞である。吉本隆明の政治論は「大衆の原像」と「共同幻想」なる二つの教説よりなるが、いずれも市民が公共的な世界で活動する道をあらかじめ閉ざしていて、吉本真理教の信者たちは穴倉のごときナルキッソスの空間で、自閉症的な日常生活の無限軌道に止まるしかない。

吉本隆明はおよそ都市あるいは都市的なものの概念をまったく欠いたまま、一方で自ら生まれ育った東京の下町への庶民的な哀惜、他方ではその愛惜すべき下町の民家や路地裏を再開発のローラーで押し潰して伸び広がる超高層のモダーンなマンモス都市の脅威との間で、すっかり引き裂かれてしまう。

そのあげく、日本資本主義の「高度成長」とともに、吉本隆明の都市論も「高度成長」し、高度資本主義と大衆消費文化の賛美への「転向」と合わせて、自らの都市論も掌を返すように「転向」していく。すなわち、吉本隆明はかつて「共同納骨堂」とか「墓標」と称して自らこき下ろしたマンモス団地や高層ビルの職場を指して、今度は一転してハイ・イメージの消費都市論や映像都市論で持ち上げ美辞麗句で飾り立てるに至る。

こうして、吉本隆明の都市論は苦しい弁解として、こちらの面では相変わらず下町の美学をノスタルジアとして保持しつつ、あちらの面ではマンモス都市のモダニズムの美学を『ハイ・イメージ論』として展開するという具合である。双面のヤヌスというか、下半身下町・上半身超高層ビルの和製ケンタウロスというか、まことに珍無類の和洋折衷の二重構造のお化けである。

下半身下町・上半身超高層ビルの和製ケンタウロス

しかも、その上半身の超高層ビルは、オウム真理教の麻原彰晃の「空中浮揚」さながら、吉本真理教の教祖の念力により「垂直浮上」の「像化」とやらを伴って東京の空を飛ぶ勢いで、この空中ショーのアクロバットはバブル期の吉本新喜劇の異色の演し物のひとつと言えるほどであった。

ちなみに、ケンタウロスはヘラクレスやアキレウスといった英雄に乗馬術や知恵を授けたギリシア神話の半人半馬の神様であるから、さきにわたしが吉本隆明をたとえたアニメや映画の世界のゾンビなどよりはるかに上等のシロモノであって、吉本真理教の信者たちにとっても教祖さまを一段上に押し上げるうれしい出世になるはずである。

## 「大衆の原像」と「アジア的」をめぐるアンビヴァレントな心的状態

すでに、中沢新一編『吉本隆明の経済学』で見てきたことでもあるが、吉本隆明はバブル期の『わが「転向」』（文藝春秋社、一九九五年）で、第三次産業の従事者が第二次産業を上回り、超高層ビルが建ち始めた事実を指しながら、「一九七二年の大転換」と呼び、都市が「第三次産業都市」あるいは「超都市」に移行したとして、下町愛惜から超高層ビル賛美への一足飛びの「乗り移り疎外」と称すべき、自らの都市論の「転向」のモチーフを明らかにしている。

この事実は日本の資本主義の「高度成長」による大衆消費社会の出現と都市の変貌を意味しているにすぎず、こうした現象の冷静な批判的分析の代わりに、ひたすら現状に追随するだけでなく、それを「超資本主義」だとか「超都市」といった歯の浮くような言葉で美化するところに、戦中・戦後の飢えと闇市の世代の吉本隆明のどうしようもない古臭さと限界がある。

しかし、わたしは都市論における「転向」を象徴する消費都市論や映像都市論の検討に先立って、まず市民と公共的世界を欠落させた吉本隆明の都市論の貧困を批判しなければならないが、それはこの戦後思想家とやらの政治思想の〝空っぽ〟の〝空洞〟に等しい貧困の帰結でもある。とにかく、「都市論をキチンと考えよう」と自称するには、その都市論の考察の道具立てがあまりに貧弱と言わざるを得ないのだ。

まずもって、吉本隆明の論ずる都市には「市民」が存在せず、「市民」が活動する機会や場としての都市の「公共的世界」もまた不在である。こうして、都市における「市民の存在」と「活動の場所」を排除する姿勢を示しているのは、都市論として致命的な欠陥である。そこにあるのは、「大衆消費社会」における「消費大衆」であって、要するに消費以外の人間の活動は完全にシャット・アウトされているわけである。

これはある意味では、歴史的に自治的な都市と市民なるものの伝統を欠いた日本の社会の無意識の反映でもあり、この点で吉本隆明の都市論はきわめて日本的と言える。と同時に、その吉本隆明の都市論の致命的な欠落は、「大衆の原像」というその教説とも不可分である。この「大衆の原像」なる教説の虚妄については、わたしが『知の虚人・吉本隆明―戦後思想の総決算―』で批判した通りだが、それは吉本隆明の非歴史的で非政治的な政治思想の欠落に関係する問題である。

すでに『知の虚人・吉本隆明』で批判しておいたように、吉本隆明の「大衆の原像」なる教説は、大衆あるいは庶民がどこまでも非政治的で受動的な無垢の存在として、身の回りの閉じられた私生活と職業の枠内にとどまることをもって善とする美学のうえに成り立ち、かれらが市民として公共的な世界に登場し、多少とも政治的な発言や行動をする道をあらかじめ封じる、閉鎖的な道徳観をひそかに内包しているのである。

たとえば、吉本隆明はその『像としての都市』の初期の断章でこう書いている。「わたしはマンモス都市のなかに置き忘れられたような民家の古い様式の名残りを愛惜する。が、それは懐古からでもなければ、伝統再発見の理念からでもない。わが近代の展開がもたらした諸悪と諸善が、これら民家とその住人の真うえをとおりすぎたにもかかわらず、いかなる意味でも爪跡をのこすことができなかったという証拠を、これらの民家が提供しているからである。そこには不羈の貌と慰安と、ある意味ではわたしが思想の基底とみなしているものと合致する構えが存在している」(「都市はなぜ都市であるか」)と。

ここで、吉本隆明が「思想の基底とみなしているもの」とは、例の「大衆の原像」なる教説のことだが、それはまた他の個所で「都市は徹底的にアジア的なものであった。無関心に無力にそして別の角度からは悠遠に醒めそうもない平和にすぎてゆく村落の耕作民と、ただ労役するためにだけ集まってきた浮浪的な下層民たちの頭のうえで都市的な巷は成立したのだ」（「都市に関するノート」）、と書くときの「アジア的」あるいは「東洋的専制」の社会と二重写しになってくる。

　ということは、吉本隆明がそれと意識せず —— つまり、自分で自分の矛盾にまったく気づかぬまま、口を開けば「アジア的」とか「東洋的専制」とけなす社会の大衆をべつの場所では、「大衆の原像」で聖化する、という絶対矛盾の自家撞着を平気でやっているということを意味するのだ。

　それでは、なぜ吉本隆明は自らの無垢の聖なる「大衆の原像」をもっともよく保存するところの、いわゆる「アジア的」ないしは「東洋的専制」の社会を口を極めて蔑むのか。もしかしたら、この自家撞着した吉本隆明の言説は、自らが秘かに信仰の対象としてきたものへの愛着と自己嫌悪のアンビヴァレントな心的状態を問わず語りに明らかにしているのではないか。

　吉本隆明の思考の根底にあり都市論で露呈したこのアンビヴァレントな心的状態は、東京の下町への挽歌から十数年後に、高度成長によって超高層ビルが林立し膨張を続けるこの怪物都市を再び取り上げるとき、いわば拡大再生産されて立ち現われる。この高度成長期に東京から下町が一掃されていった過程で、吉本隆明はいわば死の跳躍によって一足飛びに超高層ビルに乗り移った。かくして、吉本隆明の「乗り移り疎外」の「産物」として、〝下半身下町・上半身超高層ビル〟の〝和製ケンタウロス〟の誕生となる。

## 「アジア的」という大ブロシキの空疎な中味

　吉本隆明が日本の都市について、「徹底的にアジア的なものであった」と書いていることはさきに見た通りだが、その都市論集のどこを読んでも、肝心の「アジア的」という大ブロシキの概念自体が無規定であるうえ、日本の都市のどこがいかに「アジア的」で、どこがいかに西洋の都市と違うか何の説明もない。

そういう言葉をあえて使いたいなら、せめてマックス・ウェーバーがやったように、この用語の概念内容を具体的に特定したうえで、アジアあるいは東洋の都市のこういうところが西洋の都市と違う点だ、という風に論じるべきだ。周知のように、ウェーバーは『都市の類型学』（創文社、一九六四年）で、西洋の都市を特徴づける「自治団体としての都市」と「市民」の伝統という点に関する限り、東洋の都市はウェーバーのいわゆる魔術的ないしは氏族的な拘束と軍制の違いのゆえに、こうした伝統を欠くと書いている。

わたしが『都市論〔その文明史的考察〕』（三一書房、一九九七年）で指摘したように、こうしたウェーバー的な命題を日本の都市形成の歴史的特質から考察したのが、『時代ト農政』や『都市と農村』（『定本柳田国男集』第十六巻、筑摩書房、一九六九年所収）における柳田国男であり、あるいはまた、『町のなりたち』（未来社、一九六八年）における宮本常一であった。

柳田国男や宮本常一がこれらの著書で、あくまで日本の都市の歴史に即して、その「日本的」な由来や性格を具体的に考察したことを忘れてはならない。しかるに、吉本隆明は「日本的」とでも呼ぶべき問題を外装して、何でもかでも「アジア的」とか「東洋的専制」の大ブロシキに包んでしまわないと気が済まないのだ。

それでは、吉本隆明の「アジア的」とか「東洋的専制」の大ブロシキの中味とは、いったい何か。都市論集『像としての都市』の一節で、この戦後思想家のいわくだ。「住居の大きさ、構え、調度の様式についての制約は、〈食〉や〈衣〉についての禁習とおなじく、その起源を〈東洋的専制〉いいかえれば中国的な制度に発している。律令制古代このかた、わが国は制約的にはこの中国的なものを逃れたことはないといっていい。近代になって、はじめて中国的なものの専制は、西欧的なものの強制に侵蝕されはじめた。つまりひとつの地獄からべつの地獄へ」（「都市はなぜ都市であるか」、傍点は引用者）。

こういう知ったかぶりの教説にころりとだまされるのは、教祖さまのお説ごもっともと何でも鵜呑みにする、黙々拝聴の無知で不勉強な信者くらいのものである。実際、吉本真理教の信者の大半は、自らは何の勉強もしない横着な手合いで、ひたすら繰り返し読む教祖の声帯模写や腹話術でえらくなったような気になっている。その教祖さまの教説に戻ると、そもそも「東洋的専制」イコール「中国的な制度」という図式からしてナンセンスである。

吉本隆明は「律令制古代このかた」と言うが、当時すでに三〇〇〇年以上の歴史を背景に国土の開発をほぼ完了し、いわばフロンティアの消滅した世界で、均田制により土地を平等に配分して、人びとが平和に共生していこうとする、ポスト・フロンティアの統治方式としての中国の律令制と儒教的な礼節の思想は、日本が導入ないしは受容した律令制や儒教の思想とは似て非なるものであった。

なぜなら、関曠野が『野蛮としてのイエ社会』（御茶ノ水書房、一九八七年）でいみじくも喝破したように、中国から律令制を導入して国家を形成し、これからフロンティアの開発をしていこうとする日本は、中国の歴史とはコースがまるで逆であって、事実としても律令制が中国から輸入されるや、自らの利権のことしか頭にない天皇や豪族たちにより骨抜きにされ、古代天皇制国家なるものがすぐさま空虚なタテマエと化したからである。

「天皇」もまた中国の皇帝たる「天子」の日本製イミテーションだが、これまた関曠野が強調したように、中国の天子のシステムも「天」とか「天命」といった思想抜きに導入されたため、「この世をばわが世とぞ思ふ」中央の豪族たちには利権の体系として理解され、天皇は法を超えた存在であるという自分の特権を脱税の口実に使うことしか考えつかなかった。

わたしもさきの『都市論』で公共の概念の内外の比較を試みたさい、溝口雄三の『中国の公と私』(研文出版、一九九五年)の興味深い研究によりながら、中国の「公」あるいは「天の公」が君臣いずれも服すべき普遍的で道徳的な規範として考えられたのに対して、日本では「公」は「おおやけ」という言葉が「お上」や「大家」の意味で用いられてきたことを明らかにした。

吉本隆明の専売特許たる「アジア的」あるいは「東洋的専制」の擦り切れた観念に対しては、「せいぜい古代ローマにしか当てはまらない古代奴隷制概念で東アジアの古代を論ずることはできないし、タテマエとしての専制が常に民衆の土着的共和制と競合していた中国や朝鮮の社会に対しては、近代西欧人がでっちあげた東洋的専制なる概念は的外れなものでしかない」、という関曠野の『世紀転位の思想』(新評論、一九九二年)の見解が回答になっているであろう。

ヘーゲルもどきの歴史観から「ヨーロッパの進歩」と「アジア的停滞」を繰り返す吉本隆明に対しては、やはり関曠野の『野蛮としてのイエ社会』のつぎの言葉を解毒剤としたい。すなわち、「ポリスというギリシア人の天才的で魅惑的な解決に比較して帝国の形式という中国人の方式が一方的に低く評価されることがあってはならない。…　我々はもういい加減に『ヨーロッパの進歩』と『アジア的停滞』という十九世紀的固定観念から自由にならねばならない」。

わたしたちは戦後思想もどきの戦中思想が吉本隆明をもって終焉し、新しい思想の選手が二〇年以上前の一九八〇年代に登場していたことを認識すべきであった。ところが、実にところが、だ。吉本真理教の信者や編集者たちは、すでに〝死に体〟の戦後批評家を昭和天皇やドラキュラさながらの〝輸血〟で、あたかも生きているかのように装って崩れた像を何とか持たせてきたとはいえ、中沢新一編『吉本隆明の経済学』のように、その死後までミイラ化した〝生き神様〟の〝御神体〟を持ち上げるゴマスリ批評家もいるのだから度し難い。

## 「原初」と「始源」の観念論

吉本隆明の都市論集には、都市の「始源」とか「原初」の都市など、やたら「始源」や「原初」といった言葉が出てくる。それがものごとを根源からとらえるという意味で、何かラディカルな印象を与えるためか、これらの枕言葉をつけた著書や論考も少なくない。

しかしながら、いつものこととはいえ、吉本隆明はヘーゲルもどきの形而上学的な歴史哲学の擦り切れた図式を振り回しはするが、およそ実証的な歴史の考証や歴史学的な思考を欠いているため、独り善がりの用語をこねくり回した密教の呪文か念仏でも聞くような結果に終わらざるを得ない。

たとえば、吉本隆明は都市をめぐる初期のエッセイで、大化の田制に始まる条里制の〈集落〉がどのように〈都市〉に行き着くか、と例によってもったいぶった〈　〉付きのキツネ憑きのような独特の隠語を使って問い、「郷戸の分化は、〈集落〉の宅地とその支給田の地域とを分離させ、あるばあいには無関係にしていったにちがいない。この耕田ときりはなされて成立する〈集落〉は始原的な〈農業都市〉への第一歩である」（「集落の論理」）と書いている。

しかし、支給田と宅地の分離が血縁共同体から地縁共同体への展開とある程度相関していたとしても、それは要するに地縁共同体的な村落の成立にかかわることであって、「始原的な〈農業都市〉への第一歩」などということはあるまい。吉本隆明はこの状態を指して、「農耕集落が〈都市〉化してゆく前兆」あるいは「〈集落〉にあたらしい〈都市〉的な意味をあたえるもの」とも言っているが、何をもって〈都市〉の〈都市〉的な意味とするのかさっぱり要領を得ないのだ。

もともと、日本の「マチ」は「区画」を意味し、それも「ムラ」のなかの「仕切られた区画」を指すのが普通で、水田の一枚一枚を「マチ」と呼んだ例さえあることは、柳田国男や宮本常一が指摘した通りであろう。すなわち、「マチ」は「ムラ」に内蔵されるというか、圧倒的な農村的ないしは田園的な環境のもとにある町場や市場として存在するというのが、日本の都市の一般的な在り方であった。

もし、「始原的な〈農業都市〉」という言葉を使うとすれば、こういう「ムラ」のなかの「マチ」といった意味でしかあり得ず、その起源もせいぜい荘園の時代までしかさかのぼれない。したがって、吉本隆明のように律令国家の条里制集落に「始原的な〈農業都市〉」を見るのは、時代錯誤と言うほかないのだ。

世界に目を転じて見ると、マックス・ウェーバーが『都市の類型学』で指摘しているように、「農《アッ》耕市民都市《ケンビュルガーシュタット》」なるものが存在したかも知れないし、ヨーロッパの古典古代の完全市民は自らを養うに十分な土地を持つ「農耕市民《アッケンビュルガー》」だったでもあろう。しかし、日本には、こういう意味での「農耕市民」も「農耕市民都市」も存在したことがなかったし、そもそも「市民」による自治的な「都市」そのものが厳密には存在したことがないのである。

もうひとつ例を引くと、吉本隆明は都市をめぐる後期のエッセイで、「都市の起源」あるいは「都市の概念」を人間でなく神々の住む「幻想の都市」に求め、「眺望もいいし、田畑の地勢もいいし、神々の幻想の都市にも近い、そういう場所を村の首長が占めるのが一番最初の都市のあり方だ」（「都市論・Ⅱ」）と言い、この「初源の都市」は具体的には奈良盆地のあたりにでき上ったとする。

例によって、この「初源の都市」の概念も非歴史的で曖昧模糊としているのみならず、なぜ奈良盆地がその「初源の都市」に当たるのかの説明もなく、都市の成立とは何の関係もない独断である。吉本隆明は先住の日本人のいるところに後住の日本人が入っていったことを象徴する神武伝説を取り上げ、その時期は縄文時代の末期から弥生時代の初めとする説、および、古墳時代の前後とする説の二通りの見方があるとする。

そのうえで、縄文・弥生・古墳時代の三つの遺跡が重なり合っている場所が「初源の都市」の地域に該当する、と訳の分からない説明をしている。先住の人の地に後住の人が入ったところは日本の至る所にあるし、縄文・弥生・古墳の重層遺跡も全国各地にある。わたしの住む山陰の鳥取にもあるが、それを「初源の都市」だなどという馬鹿げたことは誰も言わないだけのことだ。

都市の起源についての吉本隆明の説明に対しては、さきの「集落の論理」なるエッセイで都市の定義をめぐって、マック・ウェーバーに投げつけた吉本自身のつぎの言葉をそっくりそのまま、吉本本人に投げ返すのが礼儀というものであろう。すなわち、「そんな馬鹿ないい方しかできないものだろうかという問題意識をたてたほうがはやいほどである」。

こうしてざっと見てきただけでも、吉本隆明が書き散らしているような都市の「起源」や「発生」、あるいはまた、「原初の都市」とやらにとうてい付き合えない理由も納得してもらえると思う。要するに、「原初の都市」とは文字通り吉本自身の観念の世界にある「幻想の都市」でしかなく、ルイス・マンフォードが取り上げているような「歴史における都市」ではない。

ルイス・マンフォードは『歴史の都市　明日の都市』で都市の起源に関連して、考古学的な聖所や遺跡に着目しているが、それは吉本隆明が言うような神々の幻想の都市だからでもなければ、先住と後住の遺跡の重層のゆえでもなく、いわゆる都市的なものについての独自の自己理解に関連してのことだ。これと逆に、一見して都市の歴史を扱っているような印象を与える吉本隆明の「集落の論理」は、つまるところヘーゲル流の歴史哲学の図式に従って、例の「アジア的」とか「東洋的専制」の大ブロシキのなかに、日本の集落と都市を包み込むためのこけおどしにすぎない。

わたしが『都市論』でも紹介しておいたように、都市の起源をめぐっては、農村の余剰生産と分業に関連づけるアダム・スミス流の見解、および、各部族の共同祭祀ないしは宗教に求めるフュスタル・ド・クーランジェ流の見解の二通りがある。しかし、わたしが注目するのは、旧石器時代の天幕場や居住地と並んで、墓地や宮祠のような聖所に都市生活の最初の暗示を見出し、都市は固定的な居住の場となるより先に人びとの定期的な集まりの場として始まった、とするルイス・マンフォードの考察である。

すなわち、都市は容器であるより前に、交易や交際や精神的な刺激のために人びとを引き寄せる磁場を持ち、それこそが都市的なものを象徴する。都市的なものはまた、動的な特性を帯び、人間の能力と可能性のいちじるしい拡張をもたらしたが、これは都市に先行する新石器的な村落の秩序や安定性から自然成長的に出てきたものではなく、それ以前のより広い地平を背景とした旧石器的な狩猟生活者の動的な資質と文化が関与していると見る。

こうして、ルイス・マンフォードは旧石器文化と新石器文化の結合もしくは異種交配の結果として都市が成立した、との興味深い仮説を提出する。この仮説は都市という存在が当初から内包し、しかも歴史的にも現在的にも観察できる都市の二面性ないしは両義性の自己理解にとっても、貴重なヒントを与えるように思われる。

考古学的にパレスチナのイェリコや小アジアのチャタル・ヒュユクの遺跡が、都市の先駆けではないかと注目されたが、もっとも古い確実な都市の遺跡となると、ゴードン・チャイルドのいわゆる「都市革命」の産物たる、ウルやウルクやエリドゥなどのシュメール初期の都市に赴かねばなるまい。そのシュメール初期の都市の存在はまた、自由な市民と都市の自治の伝統をヨーロッパ特有のものとするマックス・ウェーバーの見解の例外をなし、その修正ないしは補足を求めるに値するものだ。

このような自由な市民と自治の伝統の欠如こそ、日本の都市と歴史の特徴である。日本における都市の起源をめぐっては、吉本隆明の言うような大化の田制に始まる条里制の集落などではなく、わたしは『都市論』で六世紀末の推古天皇の豊浦宮《とゆらのみや》に始まる飛鳥の諸宮を前身とし、八世紀末の藤原京から平安京へと至る律令国家の都城に求めた。しかし、その都城なるものも、要するに市民のいない大王もしくは天皇の居所にすぎず、厳密にはこれを都市と呼んでいいかどうか疑問が残る。

ときあたかも、二〇一五年一月に奈良県明日香村の小山田遺跡で、大化の改新の七世紀半ばごろの飛鳥最大級の方墳の遺構が発見された、との報道が飛び込んできた。それは曽我馬子の墓とされる石舞台古墳をもしのぐ規模で、舒明天皇の墓ではないかとの見方が出ているが、いずれにせよ考古学上の大ニュースである。

わたしが『都市論』を出版したのは一九九七年四月だったが、その前年の一九九六年春に脱稿して原稿を編集者に渡していたので、ちょうどそのころジャーナリズムや考古学界をにぎわせた弥生時代中期（二二〇〇年—二〇〇〇年前）の池上曽根遺跡（大阪府）にからむ「弥生都市」の議論、ひいてはまた、これに先立つ縄文時代の前期中ごろから中期終わりごろ（約五五〇〇年―四〇〇〇年前）の三内丸山遺跡（青森県）の「縄文都市」の議論を反映していない、という限界があった。

考古学も歴史学も科学の世界は日進月歩である。このため、わたしは二〇一一年三月の時点で、わたしの公式ホームページ（http://actdoi.com）に『都市論』補遺として、「都市の起源をめぐる最新の知見」なる一文を掲載し、そのなかの「日本の都市の起源によせて」で、さきの「縄文都市」や「弥生都市」の問題をあらためて取り上げた。

わたしは一方の三内丸山遺跡の「縄文都市」説を否定する考古学者たちの意見に賛成するものだが、他方の池上曽根遺跡の「弥生都市」論は重要な問題提起と受け止め、都城をもって日本の都市の起源とする従来の定説の再考は避けられないと考える。考古学者や古代史研究者たちの見解はさまざまに分かれているものの、弥生中期の池上曽根遺跡や吉野ヶ里遺跡（佐賀県）などの大規模環濠集落、あるいはまた、環濠集落解体後の弥生後期の纏向遺跡（奈良県）や須玖遺跡（福岡県）などは、「弥生都市」の有力候補と見られているのだ。

# 第二章　市民なき都市
## ―市民と公共性を欠いた空っぽの都市論と政治思想の貧困

### 都市の概念と市民の不在

吉本隆明の都市論は、「都市」の概念を欠くとともに、これと不可分の概念たる「市民」もまた不在で居場所がない。それで思い出すのは、「市民亡き都市は都市にあらず」という西欧の有名な諺である。

まず、「都市」の概念から始めるが、吉本隆明は「集落の論理」で、マックス・ウェーバーの『都市の類型学』の冒頭の一節を引用する。その一節でウェーバーは「『都市』の定義は、われわれはこれをきわめて種々さまざまの仕方で試みることができる」と断ったうえで、つぎのように書いている。

「すべての都市に共通していることは、ただ次の一事にすぎない。すなわち、都市というものは、ともかく一つの（少なくとも相対的に）まとまった定住―一つの「聚落《オルトシャフト》」―であり、一つまたは数ケの散在的住居ではないということのみである。…ところで、一般の観念においては、「都市」という語には、住居の密集ということ以上に、さらに純粋に量的な標識が結びつけられている。すなわち、都市とは、大聚落《オルトシャフト》なのである。この標識は、それ自体として必ずしもあいまいであるというわけではない。社会学的に見れば、この標識は次のことを意味することになろう。すなわち、都市とは、巨大な一体的定住を示すごとき聚落《オルトシャフト》―ここに聚落とは家と家とが密接しているような定住を云う―であり、したがって、そこには、都市以外の隣人団体《ナハバールフェアバンド》に特徴的な・住民相互間の人的な相識関係が、欠けているということである」。

　これに対して、吉本隆明は「『住民相互間の人的な相識関係が、欠けている』、というい方は見事だとしても、ここではただ、都市というのは住居の大きな密集地帯だといわれているだけだといっていい。そんな馬鹿ないい方しかできないものだろうかという問題意識をたてたほうがはやいほどである」（「集落の論理」）、とえらそうな批評を加えている。ここに露呈しているのは、いつものことながら、この自惚れの強い批評家の、もったいぶったから威張りの身振りと自己顕示である。

　すなわち、まず碩学の言説のある個所を「見事」とちょっぴりホメてみせ、つぎに別の個所を取り上げて「そんな馬鹿ないい方しかできないものだろうか」とケナすことによって、自分はちょっぴり偉い巨匠よりもっと偉いのだ、と言いたいのである。まるで、吉本大先生が小ウェーバーを手玉に取って、叱りつけるような図である。むろん、吉本真理教の信者向けに吉本教祖がよくやるゼスチャーのひとつだが、そこには下町のガキ仲間で威張るお山の大将の姿がだぶって見えてくる。

小ウェーバーを叱る大吉本

　いったい、吉本隆明はマックス・ウェーバーの都市論をまともに読んでいるのだろうか。おそらく、吉本隆明は馬の耳に念仏さながら、さきの冒頭の一節を拾い読みしただけで、肝心の本文をすっ飛ばしているに違いない。なぜなら、ウェーバーは周到にも、「都市」の定義は「きわめてさまざまの仕方」で可能だとして、まず一つの「聚落《オルトシャフト》」ないしは量的な意味での「大聚落《オルトシャフト》」という「共通」の「一事」

を指摘したあと、しかるのちに以下の諸節で「種々さまざまな仕方」での「都市」の概念把握を試みているからだ。

なかでも、重要なのは、ウェーバーのいわゆる都市の「政治的＝行政的概念」であって、これこそ非政治的な吉本隆明の理解をまったく超えた概念でもある。吉本隆明が都市のキイ・ワードとも言うべき市民の自治の概念をまったく欠き、都市を市民が参与する公共的世界としてとらえる視点を持ち合わせていないのも、このことと無関係ではないだろう。

ルソーは『社会契約論』（岩波文庫、一九五四年）で、「近代人の大部分は、都会を都市国家（Cité）と、また都会の住民を市民と取りちがえている。彼らは、家屋が都会をつくるが、市民がシテをつくることを知らない」と書いたが、これは吉本隆明にとって耳に痛い言葉のはずだ。なぜなら、吉本隆明の都市には市民が存在せず、ただ下町の家屋の集合でなければ超高層ビルがあるばかりで、都市国家のような都市の「政治的＝行政的概念」など思いも及ばないからである。

つまるところ、吉本隆明の都市は市民の概念と伝統を欠く、日本の都市の歴史の無為意識の反映として、きわめて日本的な現象であるのみならず、その市民精神の欠如はもとからして脱政治化の教説たる「大衆の原像」と表裏一体の関係にある。それが非歴史的で非政治的な吉本隆明の思考の全体を特徴づけていることは、どんなに強調しても強調しすぎることはないだろう。

吉本隆明にとって、言うところの大衆や庶民はどこまでも私的で受動的な存在として、家族と職業の日常生活の無限軌道の枠内に止まっているべきものであって、そこから抜け出て市民として公共生活に参与し、ひいてはまた、政治的に発言し行動したりすることは、個の幻想とやらに「逆立」する「共同幻想」に与する否定的な意味を持つ。

なにしろ、吉本隆明の説くところでは、「政治」とはどのみち「共同幻想」にすぎないから、そういういかがわしい「幻想過程」にかかわるのは、神聖にして無垢なる「大衆の原像」の美学ないしは道徳からの逸脱というわけだ。こうして、吉本真理教の信者たちは、私生活と職業生活に身を引いてしまい、その自閉症をいやがうえでも亢進させ、穴倉の中で自らのヘソの緒でも見つめながら、「大衆の原像」のお経でも唱えているしか能がなくなる。

吉本隆明はその「大衆の原像」と「共同幻想」という二つの教説において、大衆の潜在的な政治的自治能力を否定して、市民ないしは市民的主体の武装解除をあらかじめ理論化することにより、戦後日本の資本主義的発展と大衆の脱政治化という現象を内面的に擁護しつつ、自らの熱心な信者たる六〇年代安保・全共闘世代の転向、並びに、その後の若者世代の保守化傾向に掉さしたのであった。

このことは、わたしが『反核・反原発・エコロジー ― 吉本隆明の政治思想批判』（批評社、一九八六年）から、『原子力マフィア』と『原発と御用学者』を経て、『知の虚人・吉本隆明』に至るまで、繰り返し批判してきたことである。ここでは、その最新形態として、『ハイ・イメージ論』に象徴される政治思想の貧困を取り上げよう。

## 市民VS「大衆の原像」

市民の活動を否定する吉本隆明の「大衆の原像」と「共同幻想」の教説は、多くの信者を錯覚させたようにラディカルでもなければ独創的でもなく、実はきわめて保守的かつ日本的なものである。かつて丸山眞男が『日本の思想』（岩波新書、一九六一年）で、「政治活動を通常の市民生活とは全く隔絶したところで、特殊な人間にとって営まれる活動とみる日本の伝統的な考え方」、と呼んだものの一投影でしかないのである。

公共的な市民生活と市民精神を欠いた日本人の政治の観念は非常に矮小であって、この国では伝統的に「政事《まつりごと》」は「お上」に属するものと考えられた。そこに市民が関与する余地はなく、これでは市民政治も市民政治観も育つわけがなかった。戦後民主主義は議会や政党に一定の地位と活動の領域を保障したが、肝心の市民は置いてけぼりを食ったというのが実情である。市民的な政治観からすれば、政治は政界の職業政治家や政党組織の独占物ではなく、市民に広く開かれ市民によって担われるべきものだからである。

家族と職業の日常生活の無限軌道の名において、市民と市民政治を拒否する吉本隆明の非政治的なドグマに対しては、「民主主義をになう市民の大部分は日常生活では政治以外の職業に従事している」限りにおいて「非政治的な市民」と言えるかも知れないが、その市民たちが「政治的関心」によって、いわゆる「政界」以外の領域から「政治的発言と行動」をとることによって、民主主義の政治が成り立つのだと説く、さきの丸山眞男の見解が対置されるだろう。

ここで、「市民」という概念について一言しておくと、わたしが『都市論』でも素描したように、市民のはるかな先駆けはシュメール初期の都市までさかのぼるが、典型的には古典古代の都市国家やヨーロッパ中世の自治都市を源流とし、近代の市民革命の担い手として登場したところの、歴史的にして規範的な人間類型であって、あるがままの「大衆」や「庶民」がイコールそのまま「市民」ではないことに注意しよう。

その西欧的起源からして、「市民」（シティズン）とは「都市」（シティ）に権利と責任を持ち、節度ある生活と公共への奉仕によって「市民の義務」（シヴィリティ）を果たす者のことなのだ。しかも、市民が都市の公共生活に参与するにとどまらず、都市でつながりを持つより広い交渉にも関心を抱かざるを得ない。

増田四郎は『西欧市民意識の形成』（春秋社、一九四九年、講談社学術文庫、一九九五年）で、西欧市民意識の源流として北欧中世都市に注目し、ハンザ同盟を結んで北海やバルト海を舞台に活発な国際交流を展開した北欧中世都市の市民の「狭く住み、広く考える」という生活感情を指摘している。これは地中海交易に拠って立つ南欧中世都市の市民のみならず、やはり地中海を介して遠くオリエントとも交易や交渉の絶えなかった、古代ギリシアやローマの都市国家の市民にも当てはまる。

今日的には、たとえば日本の行政制度としての市町村の区分に関係なく、都市であれ村落であれそれぞれの自治体で、自らの所属する自治体や国家の境界をも超えたグローバルな視野も含めて、公共精神を発揮して「市民の義務」を果たす者が「市民」ということになろう。こうした定義に従えば、わたしたちは誰しも潜在的もしくは形式的には市民であるが、誰もが言葉の本当の意味で実質的に市民であるとは限らない。

この点、吉本隆明のいわゆる「大衆の原像」は、およそ外界の世界や情報から切り離され、タコツボのような家族と職業に閉じ籠るのを美徳としているが、この一事をもってしても「市民」とは対極的な人間存在の在り方であることが分かる。それゆえ、吉本隆明が歴史的な存在でもある「市民」をまったく理解できないのは、その非歴史的で日本的な ― あまりに日本的な、タコツボ人間の宿命として致し方ないとしても、そのタコツボの神たる「大衆の原像」を聖なるものと崇めている、吉本真理教の信者たちの蒙昧は滑稽な悲劇である。

日本人の市民性の欠如にこと寄せて、カレル・ヴァン・ウォルフレンも『人間を幸福にしない日本と言うシステム』（毎日新聞社、一九九四年）で喝破したごとく、「市民とは政治的な主体だ。…市民は、ときに不正に対して憤り、自分でなんとかしたいと思い立って、社会問題にみずから深く関わっていく。消極性は市民の立場の死を意味するのだ」「市民にとっては、自分がどんな状況に置かれているのか、その現実を知ることが決定的に重要だ」。

しかるに、日本の社会は圧倒的に企業社会であって、「政治的存在」としての「市民」の不在と裏腹に、企業社会は特異に「政治化」された「プライバシーのない社会」という皮肉な状況を呈している。日本のサラリーマンは「会社と結婚」していると言われるように、思考も時間も一切合財を会社に捧げるよう強いられていて、「市民としての活動」に至ってはほとんどまったく「麻痺状態」にされている、とのウォルフレンの批判的診断も当たっている。

こうした閉塞状態の日本の企業社会にあって、その間隙や周辺部において問われているのが、住民運動や市民運動である。これはわたしの持論だが、日本の市民運動はいろいろな限界や欠陥を持つとはいえ、まず市民としての運動であると同時に、また不断に市民をつくる運動でもある。つまり、伝統的に市民不在の日本の社会にあって、市民形成と市民教育の役割を引き受けているのが、この市民運動なのである。

周知のように、吉本隆明はその日本の市民運動にあちこちで罵詈雑言の非難を投げつけているが、それは市民と政治のいずれにも背を向けたゾンビやミイラのごときいびつなタコツボ人間の、まったくの思い上がりと反動的な体質を露骨に示すものにほかならない。その吉本隆明を「戦後最大の思想家」とか「知の巨人」と持ち上げることほど、日本の戦後思想のまったくの虚妄と水準のあまりの低さを満天下に知らしめることはないのだ。

要するに、吉本隆明の説く都市には市民が存在せず、井の中の蛙よろしく閉ざされた私生活と職業の外に出ることのない庶民が「大衆の原像」の名で理想化されたが、その庶民が下町の民家や路地裏もろとも、バブル期の資本主義的な都市再開発によって一掃されてしまった。

こうして、下町の崩壊でアイデンティティの危機に直面した吉本隆明は、一転その都市開発側のモダニズムの産物たるレジャーランドや超高層ビルを「ハイ・イメージ」の名で美化し始め、大都市の「消費大衆」を新しいアイデンティティの対象とする「大衆消費社会」の賛美者に転向した。その昔、新左翼の一部で使われた「乗り移り疎外」という言葉が、ふと脳裏に浮かんでくる。

かつての「大衆の原像」につきまとっていた素朴で庶民的な色彩も、いまや高度資本主義と大衆消費文化による底上げですっかり色褪せて、この観念そのものの風化と解体は避けられなくなった。言ってみれば、何やら意味ありげに深刻ぶった「大衆の原像」は、いまや大衆消費社会の「消費大衆」という「大衆の現像」に格下げされてしまったのである。

ところで、消えゆく下町の庶民に代わって、新たに吉本隆明が祭り上げた「高度資本主義」の「消費大衆」は、井の中の蛙と打って変わって、外界の刺激に敏感な触覚を持つ昆虫のように、目まぐるしい流行と操作された情報に突き動かされる。しかし、およそ市民としての活動や精神にはまるきり無縁で、ひたすら消費を追いつつ体制をあるがままに受容する、受動的で従順な存在である限り、いくら格下げされようとも、その反市民的で非政治的な性格という一点において、吉本隆明の「大衆の原像」の教説は隔絶していたわけだ。

## 公共性の排除と政治思想のがらん洞

繰り返すが、吉本隆明の都市論には、都市の担い手たるべき市民のみならず、市民の活動の舞台としての都市に特有の公共的世界が存在しない。そこにあるのはスーパーマーケットやレジャーランドなど終わりなき消費の舞台装置ばかりで、その「大衆の原像」と「共同幻想」のドグマからして吉本隆明は、都市的なものの中核をなす一切の「公共性」を都市から締め出せと主張するのだ。

たとえば、都市についての初期のエッセイにはこういう言葉がある。「都市はなぜ都市であるか。生産地帯を辺周にひかえていることによってか。政治的な中枢機関が集中していることによってか。学問と文化の機会がひとびとを誘引することによってか。もし都市自体が消滅してしまうことが、都市について描きうる究極のユートピア像だとすれば、現在のままでいっさいのフィジカルな破壊、変更もせず、また現在のような恣意的な都市の膨張について禁制もうけずに、為しうる唯一のことは、観念の公共性を誘発するいっさいのものを、都市からたたきだすことだけである」（「都市はなぜ都市であるか」）。

例によって例のごとく、持って回った独り善がりの衒学的な言い回しだが、このアフォリズムめいた言葉の意味の分かる人がはたしているだろうか。いったい、「都市自体が消滅してしまうことが、都市について描きうる究極のユートピア像」というのは、どういう意味なのか。もし、それが古今東西によく見られる、たとえば中国の竹林の七賢を一例とする、都市を嫌悪した文人の田園願望の流れを汲むパストラル（牧歌詩）の一変種でないとしたら、一種の自虐趣味の露出以外の何物でもない。

この一節は「共同幻想の〈彼岸〉に想定される共同幻想」という、吉本隆明の『共同幻想論』（河出書房新社、一九六八年）のアフォリズム同様、密教の秘伝かおまじないの念仏のようなもので、要するに意味不明のコトバ遊びとしか言いようがないものだ。それとも、吉本隆明にとって、「都市」というものは「個」と「逆立」した一種の「共同幻想」であるから、それ自体が人間にとって倒錯した好ましからざる悪しき存在だ、とでも考えているのだろうか。

そう考えなければ、少なくとも論理的には辻褄が合わず、「都市自体」の「消滅」が「都市」の「究極のユートピア」とはならないはずだが、はからずもさきの一節の後半に、それを暗示する言葉が続く。すなわち、「観念の公共性を誘発するいっさいのものを、都市からたたきだすこと」と。

吉本真理教の信者たちは訳も分からぬまま、さすが教祖さまのラディカルな主張と錯覚するかも知れないが、実際には都市の何たるかがまるで分っていない――しかも、歴史に背を向けた非歴史的で非政治的な知識人の反動的でロマンチックなタワ言にすぎない。このさい、吉本隆明を厳しく批判しておくが、「観念の公共性」というよりも「公共性」の観念――なかんずく、「公共性」の「市民的自己理解」こそ、都市的なものを理解するうえでいわば要石をなす。

都市をめぐる吉本隆明の根本的な欠落は政治の空洞にも関係し、「市民」と「公共性」の概念をまったく欠落していて、つまりその都市論も政治論も〝空っぽ〟の〝がらん洞〟だということである。吉本隆明の『情況』（河出書房新社、一九七〇年）にもこういうくだりがある。「〈都市〉は、あらゆる公的な権威や権力を示唆する存在を、じぶんの胎内から追放することで、みずからの〈都市〉としてのユートピアを実現するほかはないようにみえる」。

よく考えて見るがいい。そのデザインや機能にどんな問題があろうと、自治体に不可欠の市庁舎や議事堂や公会堂や図書館や学校のような公共的な施設を一切欠き、ただただ吉本隆明が愛惜してやまない古き良き下町の民家や路地裏、これと裏腹にこんどはえらく背伸びして吉本隆明が美化するモダーンな超高層ビル、ひいてはまた、スーパーマーケットやレジャーランドのような消費施設だけでできた都市が、はたしてユートピアどころか都市の名に値するだろうか。

消費の馬糞拾いに忙しい吉本隆明のユートピアは、たとえて見れば、アクロポリス（神殿）やアゴラ（市場広場）やプリュタイネオン（市会堂）やヘリアイア（法廷）やテアトル（劇場）のない古代ギリシアの都市国家ポリスか、さもなくば、ギリシアのアクロポリスとアゴラを結び合わせて、神殿・議場・演壇・裁判所などを兼ね備えた公共的施設のフォールムを欠いた古代都市ローマのようなものである。

それで思い出すのは、都市計画は港・道路・市場・倉庫・住居といった本質的要素から始めるとしても、そこからさらに、かつて都市の中核をなしたアクロポリスやフォールム、市民ホールや大聖堂といった公共的施設に言及しつつ、「都市生活の最高の機関」としてこれと同等のものを再び発展させることを「真の価値ある都市計画」の課題だとした、都市論の先駆者パトリック・ゲデスの『進化する都市』（鹿島出版会、一九八二年）の見解である。

ルイス・マンフォードも『歴史の都市　明日の都市』で、古代都市の劇場的性格にこと寄せて、競技場・法廷・裁判・議会・運動場・委員会・討論の機会を除けば、都市の本質的な活動もその意味や価値も半減するだろうと書いているが、こうした「都市生活の劇的機会」がいずれも公共的な性格を持つことは言うまでもない。

真に市民的な意識が公共的世界に奉仕する精神であることは、さきの『西欧市民意識の形成』で増田四郎も西欧中世都市に寄せて書いている通りで、近代的市民意識にしても「幾世代、否、幾世紀の永きにわたって訓練された公共世界に奉仕する個人の誓約団体」としての「都市」を抜きには語れないのだ。都市から一切の公共性を排除すべきだという吉本隆明の議論が、言ってみれば人間ならぬゾンビの宙返りのように、都市論としていかに馬鹿げた倒錯であるかは、もはや明らかであろう。

わたしが『都市論』で力説したことだが、ギリシア人が「コイノス」（共通なもの）と呼び、ローマ人が「レス・プブリカ」（公的なもの）と名づけた市民的な公共性は、都市的なものの中核をなす。たとえば、ギリシアの都市国家（ポリス）がたんなる都会（アステユ）ではなかったように、市民によって構成される公共的世界としての都市を家屋の集塊たる都会と混同してはならない。

されればこそ、ルソーはさきに引用したように、「都会」を「都市」（シテ）と混同し、「都会の住民」と「市民」を取り違えている近代人の錯覚をいましめ、「家屋が都会をつくるが、市民がシテをつくる」と強調したのだ。まさに、この点で、吉本隆明はルソーとちょうど逆向きに、市民の都市を家屋の集塊たる都会に戻せ、と主張しているようなものである。

これを政治思想の文脈で見ると、わたしが『知の虚人・吉本隆明』でも指摘した通り、「自然状態」における「人間の自立」にとって代わって、「社会状態」における「市民としての自由」を対置したルソーは、かの原始的な自立論者たる吉本隆明と思想的な「逆立」の関係にある。

一時もてはやされた吉本隆明の「自立の思想」は「大衆の原像」の教説同様、市民に立脚した政治思想の歴史から完全に取り残されたところの、いわばガラパゴス島の珍種以外の何物でもない。市民と公共的世界の欠如という空っぽの都市論も、この政治思想の穴倉の空洞から派正的に出てきたものにほかならないのだ。それでいて、よくもことあるごとに「世界思想」を口にしてきたものだが、こちらの方こそ空いた口がふさがらないほどで、わたしが吉本隆明を「知の巨人」ならぬ「知の虚人」と呼ぶゆえんである。

政治思想の空洞という意味では、中沢新一も吉本隆明と〝同じ穴のムジナ〟であって、第一部で取り上げた『対称性人類学』の「ホモサピエンスの幸福」にもそれが如実に露呈している。中沢新一がそこで書いているようなセックスの経験のごとき「幸福」は、むろん誰しも否定できない経験であるとはいえ、動物界脊椎動物門哺乳綱霊長目ヒト科ヒト族ヒト種の人類にとって、それは「人類的」というより「動物的」であり、かつ「公共的」ではなく「私的領域」にかかわるもので、社会学的な意味での「幸福」というよりは、むしろ生物学的にして生理学的な「快楽」の感覚に属する。

おそらく、吉本隆明や中沢新一にまるきり理解できないのは、その政治思想の空洞と公共性の概念の欠如のゆえに、ハンナ・アレントが『革命について』（合同出版、一九六八年）で強調する、一八世紀のアメリカ革命の人びとの「公的幸福」やフランス革命の人びとの「公的自由」なる政治的概念であろう。アレントは書いている。アメリカ人は、「公的自由は公務に参加することにあり、この公務と結びついている活動は決して重荷になるのではなく、それを公的な場で遂行する人びとにほかでは味わえない幸福感を与えるということを知っていた」と。

ハンナ・アレントは『暴力』について』（みすず書房、一九七三年）で、ベトナム反戦運動に接続した学生の抗議運動に寄せてこう語っている。「実に久しぶりに自発的な政治運動が起こり、それが単なる宣伝だけでなく行動であったということ、しかもほとんどまったく倫理的な動機から行動したということです。…　今の時代としては全く新しい経験が政治に入ってきたのです。それは行動することが面白いということです。つまり一八世紀の人たちが「公の幸福」と名づけたものを、今の世代が再発見したわけです」（「政治と革命について」）。

ごく最近の事例で言うと、日本で、三・一一以後の脱原発運動を発端に特定秘密保護法や安保法制に抗議する運動のなかから登場した若い日本の学生たちのグループ、ＳＥＡＬＤｓ（「自由と民主主義のための学生緊急行動」）の創設者、奥田愛基が『ＳＥＡＬＤｓ　民主主義ってこれだ！』（大月書店、二〇一五年）のメンバー座談会で語る「新しい発見」たる「楽しいというか、経験したことのない、ある種の解放された感覚」なるものも、この公的な行動の楽しさに関係しよう。

## 権力と権威についての空論の帰結

その政治思想の空白と関連して、吉本隆明の都市論が公共的世界の認識を欠いているということは、公共的世界において発現する権力や権威について、まともな考察もできないということを意味する。事実、およそ歴史や政治というものについてリアルな認識を持ち合わせず、それをもっぱら「共同幻想」や「幻想過程」の天上の彼方に追いやる吉本隆明にとって、一切の公的な権力や権威も「観念の公共性」つまり「共同幻想」として、都市から排除さるべきものである。

すなわち、吉本隆明が説くところでは、「〈都市〉の形態について構想することは、ただ〈無秩序〉のまま類型的に発達した歴史的な構成を、そのまま意図的に計画化することを意味している。かりに、それ以外の〈都市〉にたいする構想が不可能であるとしてもの、ただひとつの点でこの歴史的に形成されてきた〈都市〉の在り方や構想を是認すべきではない。ただひとつの点とは、あらゆる公的な権力や権威の〈場所《オルト》〉に求心的につくられていることである。〈都市〉は、あらゆる公的な権威や権力を示唆する存在をじぶんの胎内から追放することで、みずからの〈都市〉としてのユートピアを実現するほかないようにみえる。これは〈革命〉のひとこまでありうるか」（「集落の論理」、傍点は引用者）。

ここでも、〈革命〉などという〈　〉（カッコ付き）の思わせぶりな言い回しから、一見ラディカルな響きを伴う主張のような錯覚を与えかねないが、内実は非政治的なロマン主義者としての吉本隆明の空論の本性が如実に現われている一文である。フェルナン・ブローデルは『物質文明・経済・資本主義一五―一八世紀』（みすず書房、一九八五年）で、史上のいかなる都市にも存在するものとして、「分業」と「市」と「権力」の三つを挙げているが、都市が宗教・政治・経済・文化などさまざまな権力や権威にかかわる機関と施設を集中した場所であることは、歴史的にも現在的にも否定しようのない事実である。

かつての都市を支配した王侯や封建領主はもとより、今日の都市を窒息せしめている中央集権的な官僚制国家の権力や権威を肯定するものではさらさらないが、あらゆる公的な権力や権威の消滅した世界など、非政治的なロマン主義者の観念や空想の世界にしか存在しないことも明らかである。

それゆえ、わたしたちは、いまある都市の権力や権威の在り方を永久不変のものとしてではなく、むしろ歴史的に限定されたものとして問い直し、その乱用や倒錯を市民の立場からどうチェックして正していくか、さらにはまた、市民的な公共性に立脚した都市自治体の権力や権威を市民自身の手でどうつくり出すか、という風に問題を立てざるを得ない。

非政治的な知識人のロマンチックな信条に反して、多数の人間が共生する社会に権力や権威がつきものであるどころか、実はそれなくして社会の存続は不可能である。吉本隆明の政治思想は空白というよりも一種の真空なので、まず「権力」や「権威」の定義から始めるが、「権力は人民にあるが、権威は元老院にある」というキケロの有名な言葉が示すように、まず「権力」と「権威」を区別して考える必要がある。

古代ギリシアにさかのぼって政治思想の根本からの再建を目指したハンナ・アレントの『人間の条

件』（中央公論社、一九七三年）における定義に従えば、「権力」は「活動し語る人びとの間に現われる出現の空間、すなわち公的領域を存続させるものである」。「権力とは、常に潜在的能力であって、実力や体力のような不変の、測定できる、信頼のできる実体ではない。…権力は、人びとが共同で活動するとき人びとの間に生まれ、人びとが四散する瞬間に消えるものである。権力を実現することはできるが、それを完全に物質化するということはけっしてできない」。

このように定義される権力の喪失による空白状態は、「暴力」をもって「権力」に代えようとする誘惑を呼び起こす。しかし、「暴力」は「権力」を破壊することはできても、「権力」を創出することは不可能である。なぜなら、「無能力」は「暴力」を生み、逆にまた、「暴力」が「無能力」という結果もたらすからである。こうして、「権力」は「暴力」と区別されるのみならず、しばしば「暴力」と対立するものである。その典型的な例としては、かつてソ連の戦車に潰されたハンガリアやチェコの人民の「権力」を挙げることができよう。

ところで、人びとが集まって一致した行動をとるときに出現する「権力」というハンナ・アレント的な見地からすれば、組織化され制度化された国家や政府の「権力」は、むろんまぎれもない上からの巨大な「権力」の典型的な類型には違いないが、それが「権力」のすべてを包含しているということにはならない。なぜなら、たとえば、今日的には「市民運動」なども市民が寄り集まって市民の「権力」を下から形成して成り立っているのであって、国家や政府の「権力」だけが「権力」ではないからである。

しばしば混同して使用される「権力」（power）、「力」（strength）、「強制力」（force）、「権威」（authority）、「暴力」（violence）といった基本用語について、ハンナ・アレントは『暴力について』（みすず書房、一九七三年）で厳密に区別して定義しているが、これらのなかで歴史や政治に関連して重要なのは「権力」と「権威」と「暴力」である。

その国家や政府に限らず、組織された共同体における制度化された「権力」は、しばしば「権威」を装って現われ、厚かましくも無条件の承認を要求するが、そもそも「権威」には望ましい自ずからなる意味での「正統な権威」、並びに、そうでない上からか横からか取ってつけた「虚偽の権威」の二種類があるので要注意である。

「権威」は強制や説得によって得られるものではなく、人びとがそれを自ずから承認し信頼する限りにおいて成り立つ。いかなる社会も「権威」なしには機能し得ないが、「権威」と「権威主義」は全然別物である。なぜなら、「権威主義」は本当の意味での「権威」の不在や破綻によって生ずるものだからである。

関曠野が『教育、死と抗う生命』（太郎次郎社、一九九五年）で示唆していたように、伝統社会において社会を統合する「権威」の基盤になったのは「宗教」であった。その「宗教」がフランス革命このかた旧体制の崩壊とともに没落してからというもの、近代社会は過去の「宗教的権威」に代わる「権威」を生み出すことができない、という深刻なディレンマを抱えるに至った。

かつての「宗教」に代位して近代社会を統合する「権威」の創出という問題を引き受けることになったのは、「法」と「教育」ということになろうが、はたしてそれが成功裡に問題を解決したかどうかとなると疑問であって、そこに近代社会がはらむ危機の根本原因がある。

とりわけ、日本の場合、明治憲法や教育勅語に象徴されるように、「法」と「教育」は「権威」の創出に成功するどころか、むしろ逆に本当の意味での「権威」の不在のゆえの露骨で反動的な「権威主義」を特徴とするからである。そもそも、明治国家は天皇制という代用宗教を国家主義の支えとして、市民革命に対する予防反革命の制度としてつくられたもので、その反動的な「権威主義」による「権威」の全面的な破綻が天皇制ファシズムに行き着いたことも、これまた関曠野が喝破していたことだ。

とにかく、市民と公共性の市民的自己理解を欠いているだけでなく、権力や権威というものの認識を持ち合わせず、宗教も法も国家もそれこそ何でもかでもミソクソ一緒に、「共同幻想」の大ブロシキにひっくるめて何事かを言ったつもりの、吉本隆明流の独り善がりの粗雑で抽象的な観念論では、歴史や政治を理解することはおろか、およそ都市について語ることすらできないだろう。

最後に、語るに落ちたお笑いの一席をつけ加えておくが、吉本隆明は一九七〇年代初めの建築家・磯崎新との対談で、歴史的に都市は権威にたいして求心的につくられたとの見解を繰り返して、こう述べていた。「そうだとすると、今度はもし逆に都市についてのユートピアってものを想定するとね、……大体国家の中枢機関とか、企業の本社とか、つまりそういう頭の部分をというのは、まず都市からみんな叩き出せばいいってことにどうしてもなるんですよ」（「都市は変えられるか」）と。

その言や良しで勇ましい限りだ。まるで、この発言者はいまにもゲバ棒を持って、国家の中枢機関や企業の本社を叩き出さんとする勢いだ。さすが六〇年代安保・全共闘世代に受けてスターダムにのし上がっただけのことはある。ひるがえって、その吉本隆明がのちにしきりと賛美を繰り返した東京の超高層ビルをあらためて眺めてみると、どれもこれも「国家の中枢機関」とか「企業の本社」とか、あるいはまた、『ハイ・イメージ論』で言うところの「もともと非公開的な体質をもった大企業の本拠となるビル」（「多空間論」）ばかりではないか。

そういう「頭の部分」を「都市からみんな叩き出し」たら、吉本隆明が持ち上げる「ハイ・イメージ」や「高次映像」なるものも、それこそみんなマボロシと消えてしまうではないか。これでは、批評のブーメランというより、むしろ天にツバするに等しい滑稽の一幕で、この困った自己矛盾のディレンマをひとつ、お得意の高等数学（?）で解いてもらいたいものだ。

いずれにせよ、権力と権威をめぐるロマン主義者の〈　〉付きの〈革命〉的な空論の帰結と言うべく、吉本隆明の都市論もなかなかどうして巧まざるアイロニーとパロディ効果を含んでいることに、あらためて感心（?）いや寒心（!）せざるを得ない。これは都市という劇場における〝吉本新喜劇〟の〝演し物〟にふさわしい、ということを否応なく納得させられるのだ。

# 第三章　イメージの映像都市

## ―自由と権力の対話もなく空の空なる宙返りのイメージと視線

### びっくり箱の映像都市

さて、ここらで、吉本隆明の映像都市論や消費都市論の批判的検討に移るが、これから取り上げるのは初期のエッセイから十数年後に都市論集『像としての都市』の第Ⅰ部に収録された「都市論」「変容する都市」「ハイ・イメージ論」「イメージの世界都市」といった一連の講演、並びに、これらの講演の下敷きとなった『ハイ・イメージ論』Ⅰ、Ⅱ所収の「映像都市論」「多空間論」「人工都市論」「分散論」など、一九八〇年代後半以降の都市をめぐる一連のエッセイである。

　これらの論稿は変容する都市をイメージや映像といった観点からとらえようとした試みだが、端的に高度資本主義下の大衆消費社会あるいは情報化社会の現象面への持って回った衒学的な賛美を特徴としている。しかも、吉本隆明は文字通り遅れてきたモダニストと言うべく、あたかもタイム・マシーンに乗って一世紀前のアメリカに立ち返るかのように、ニューヨーク・マンハッタンの摩天楼に超高層化するマンモス都市・東京の未来像を見ている。

　しかし、その摩天楼こそヨーロッパのモダニズムに先行して、一九世紀末から二〇世紀初めのアメリカのモダニズムを象徴したものにほかならず、デザインとしてももはや過去の古く悪しき夢なのだ。わたしが『都市論』で跡づけたように、アメリカで超高層ビルの摩天楼の建設が活発になった一九八〇年代は、三〇〇年にわたったインディアン掃討戦が終結してフロンティアが消滅した時期に当たる。

　この空へ空へと伸びる摩天楼は、横へ横へと広がる都市の郊外への無秩序な拡張とともに、その失われたフロンティアの代替物として、来るべき資本主義・アメリカの世紀を象徴するものになるべく、運命づけられていたかのようである。それは金融寡頭制の巨大独占体が形成され、〝金ピカ時代〟とか〝金メッキ時代〟と呼ばれた拝金主義が流行した時期でもあった。

　吉本隆明が超高層ビルを持ち上げたのは日本のバブル期だが、それに一世紀も先立つマンハッタンの摩天楼は、メソポタミアやエジプトやマヤの建築様式から、ゴシック建築やルネッサンス建築を経て、キュービズムや表現主義に至るまで、まるで歴史の古着屋からごった煮のようにかき集められた様式が雑然と混在し、摩天楼を芸術的形態として扱う夢を持っていたシカゴ派のルイス・サリヴァンのような建築家でさえ、死の直前に絶望してこう書き記さざるを得なかった。

「こうした建物は、数が増えるにつれ、道徳面でも精神面でも都市を貧しくする。それらは都市を泥沼の中へどんどん沈めていく。これはアメリカの文明ではない。ソドムとゴモラのような堕落だ。これは民主主義ではない。未開状態だ」（ウィリアム・カーティス『近代建築の系譜』、鹿島出版会、一九九〇年より引用）と。

さて、その一世紀後、ソドムとゴモラに代わって、和製ゾンビや和製ミイラが摩天楼の弁護役を引き受ける。吉本隆明は『ハイ・イメージ論』の冒頭の「映像の終りから」をはじめとするエッセイで、つくば科学博の富士通館のびっくり箱のようなコンピュータ・グラフィックスの立体映像にすっかりのぼせてしまい、ここからそれこそあやしげな新造語や新概念をひねり出しては、映像都市論とやらを展開していく。

その衒学的なヒラヒラを抜きに自らのモチーフを平たく述べている『像としての都市』の講演から引用すると、「現在かんがえられるかぎりのいちばん高次の映像」は「垂直視線と水平視線とが同時に体験されているようなもの」（『ハイ・イメージ論』）を指し、「要するに立体的に目の高さでつくる映像と、それから真上から降りてくる視線とを同時に行使されたときに得られる」のが「究極映像」（「イメージの世界都市」）である。

吉本隆明にとって「都市論の鍵」は「視線」にある、と中沢新一は『吉本隆明の経済学』で書いているが、空の空なる宙返りを得意とする著作家の都市から「市民」が消滅して「視線」が残ったわけである。「目の高さからの水平な視線に対して、上からの視線つまり垂直視線を「世界視線」などと定義づけ、両者の交差を「高次の映像」とか「究極映像」などと言われると、何だかひどく高尚で有難い気がしてくるが、それは要するに、ただ立体的な映像と呼べば済むだけのことで、吉本流びっくり箱のハイカラな仕掛けのスソから、何とも単純な手品のネタが透けて見えてくるというものだ。

もう一つ吉本流びっくり箱の手品のネタを見ておくと、東京に代表される今日の「先進社会の大都市」が「世界都市」である条件として、「次元の高次な映像を喚起する場所が都市のなかに存在すること」、および、「その映像をみたばあいとても異和感を喚起する場所、あるいは異化された場所があること」の二つを挙げている。

まず、前者は「例えばひとつのビルの室内から隣のビルを見たらそのビルでいろいろな人がビジネスで動き回ってた、ところがその隣のビルのその部屋の向こう側の窓からもうひとつ向こうを見たら、新幹線が走ってきた、そしたら新幹線のなかに人が乗っているのが見えた、もしそういう偶然の場所があったとすると、その瞬間そのひとはたいへん高次な光景をまるで映像を見てるように見てるってことがいえると思います」（「イメージの世界都市」）というのだそうだ。

しかしながら、これも要するに、ただビルが折り重なるように建て込んでいるために起こる超過密の一現象にすぎない。この種の光景はべつに東京でなくとも、新幹線沿いの大都市や中都市の駅付近やビル街なら、どこでも見られるだろうが、誰もそれを「世界都市」の「条件」だなどと、大仰に言わないだけのことだ。ちゃんちゃらおかしいとはこのことである。

「世界都市」の条件
としての高次の映像

他方、後者は「例えばビルのなかに日本庭園を造ったり、プールをビルの三階に造ったり、本来地上にあるべきものがビルのなかに内包されてしまっている個所を持っていること」（同上）を指すらしいが、これまた過密な都市で場所の不足から起こるもので、自然を模倣した人工物のミニチュアというだけのことだ。

早い話、かつてわたしが勤めていた鳥取市の職場のビルの一室にも、なぜかミニチュアの日本庭園の真似事があったし、その隣のビルにはプールもあった。してみれば、人口二〇万人程度の鳥取市という地方都市もまた、吉本隆明流に「先進社会」の「世界都市」の部類に入れてもおかしくないということになろう。

実に何とももったいないというか、背後から後光でも差してきそうな有難い話ではないか。思わず、吹き出したくなるのを禁じ得ないが、こういうチャチなことで「世界都市」と言われたら、当の「世界都市」さまの方でも片腹痛いというか、気恥ずかしくなるのではあるまいか。

## 共同納骨堂から世界都市へ

ともかく、吉本流びっくり箱も、そのネタを明かせばかくのごとしで、世界都市が聞いて呆れる次第だ。『ハイ・イメージ論』の「映像都市」などになると、「高度な先進社会」の「高度な世界都市」が「高度な人工都市」による「高度な都市像」を象徴して「未知の段階」に入った――と吉本教祖の託宣は高度に重々しく、その持って回った造語と数式と文体の衒学僻に辟易させられる。

それに加えて、三高・四高・五高・六高……と何重にも高度さをいや増し、超高層ビルどころかバベルの塔さながら、雲の彼方の天界へと昇り詰めて消えてゆく有様である。こうして、日本のバブル期にバベルの塔のごとき虚構の映像都市論にうつつを抜かす以前の吉本隆明は、都市計画や近代建築についてもう少しまともで謙虚な感覚を持っていたように思う。

たとえば、最初、『情況』（河出書房新社、一九七〇年）に掲載し、のちに『像としての都市』にも再録している一九六〇年代末の「非芸術の論理」で、いかにも大学紛争世代らしい建築学科の学生を相手に、吉本隆明は「丹下健三や谷口吉郎などの造りちらす醜悪なグロテスクな建築物」をこき下ろし、黒川紀章の著書を取り上げてつぎのように批評していたことをわたしは忘れない。

すなわち、「黒川紀章がこの著書で描いている十年後や半世紀後の構想は、ほんらいもっと絶望的な十年後や半世紀後の姿でもあるのに、〈なにもかも便利で愉しくてよくなるぞ〉というふやけた貌しかみつけることができないからだ。べつに建築家や政治家の御託宣をいただかなくても、技術の発達が自然にもってきてくれるものを、人間はことさら有難がって利用しなければならないいわれはない。わたしは科学技術の発達の成果をだまって頂戴するときは、人間はいつも意志的に不愉快な貌をしているべきだと考えている」。

しかも、そこで吉本隆明はマンモス団地やマンションを「共同納骨堂」に、高層ビルを「墓標」にたとえ、「人間の全生活過程や欲求について無智な建築家」や「もうかれば何にでも手をだす自動車会社や合成化学会社」を非難し、新建材や新塗料や新接着剤などによる「住宅建築上の公害（?）」にまで言及していた。その後、とくに『「反核」異論』以後、むきだしに露出した吉本隆明の科学技術信仰と裏腹な一文で、これまた天にツバする批評のブーメラン現象の見本である。

それから四半世紀後のバブル期に、吉本隆明はその『ハイ・イメージ論』で、それこそ「〈なにもかも便利で愉しくてよくなるぞ〉というふやけた貌」をして登場し、「科学技術の発達の成果」とやらを「だまって頂戴」するどころか、奇妙な新造語や御託宣の美辞麗句で礼賛するにとどまらない。自ら口を極めてこき下ろした黒川紀章に、こんどはゴマをすってすり寄り、バブルの産物たる黒川紀章の首都改造論を持ち上げる次第で、昨日の敵は今日の友というわけだ。いやはや恐れ入りました。

ともかく、こうして、「戦後最大の思想家」「知の巨人」とやらの気分とサジ加減で、かつての「共同納骨堂」や「墓標」の東京も、一転して「映像都市の高次の産物」たる「現在の高度な世界都市」とやらの「像《イメージ》空間の柱」になるのだから、ものは言いようで〝ウソも方便〟とはよく言ったものだとあらためて思う。世相のダジャレの〝驚き、桃の木、山椒の木〟である。「世界都市」については少しあとで取り上げる。

ついでながら、わたしが『知の虚人・吉本隆明』で批判しておいたように、吉本隆明は大和王権以来の天皇制国家を「アジア的段階」、南東の沖縄を「アフリカ的段階」に見立て、その『琉球弧の喚起力と南東論』（河出書房新社、一九八九年）において、一方で「南島論の基層」を「アフリカ的段階」まで掘り下げ、他方では「那覇」が「世界都市」となることによって「国家」を無化できるなどと書いたが、これは自らの「南島論」とやらが「バブル期」の〝バブルの泡踊り〟とともに〝はじけた顛末〟を物語るものだ。これについては、最後のアフリカ的段階と南島論の批判のところでもう一度再説する予定である。

## バベルの塔の無限権力

吉本隆明のいわゆる「世界視線」なるものも、要するに高所の上から下を垂直に見下ろした視線のことで、そのような表現はべつに構わないが、これをさらに「権力線」などと言い換え、つぎのような調子で権力論（？）を展開する段になると、またもやバベルの塔も顔負けの吉本新喜劇のお笑いの一席となる。

その一幕のファルスによると、「現在例えばアメリカとソ連みたいな大国が争っている視線は、地上数十万メートルから数百万メートルの視線です。つまり、このランドサット・マップです。その高さの独占権を争ってるのが、現在の宇宙競争といいましょうか、宇宙競争の実態です。… この二つの体制の共存共犯関係の争い、あるいは核戦争の危惧から何からすべて降りてくることになります」。「この権力線が無限遠点にいくっていうことは無限権力なわけですけれども、無限権力ということはいいかえれば人間的権力あるいは人間の政治・制度っていうものがつくる権力ごときものは、もはや権力・非権力の意味を失ってしまう視線でもありますから、無限権力ということは同時に無権力ということと同じことになるわけで、それはやっぱりどこかで民衆がそれを占めてしまうっていうことが、ドリームランドとしての大きな条件のようにおもわれます」（「イメージの世界都市」）。

上からの視線を「世界視線」とか「権力線」などと称して、それを権力論につなげる吉本隆明の論法には、ミシェル・フーコーの権力論からの我田引水の矮小化がある。事実、吉本隆明は都市論とは関係のない「権力について」なるエッセイで、フーコーを引用しながらこう書いている。「上から下への大局的な傾斜ベクトル」を持つ「権力線」なるものに言及し、「現在では大局的には上から下へ向いているが、社会体のなかの微局所では、まったく方向が散乱している。そんな権力線が想定される」（『ＯＲＧＡＮ』一、現代書館、一九八六年の特集「現代思想批判」所収）。

このエッセイも「現在の資本主義と社会主義にたいする徹底的な否認からくる孤独な、たった一人の反乱」だとか「社会体のいたるところを散乱して走る権力線にたいして、不断に異議申立てをすることにおいて永続する革命の意味」だとか、格好をつけた威勢のいい言葉を散りばめてはいる。

しかしながら、つまるところ吉本隆明が言いたいのは、「多国籍企業は民族あるいは国家企業に比べれば開かれた善」だとか「高度資本主義下における大衆の現状の維持や擁護」といったことにほかならない。要するに、吉本隆明によって矮小化されたフーコーをダシに、いろいろなヘリクツを並べて権力を神秘化しカムフラージュしているだけのことだ。

ひるがえって、フーコーは権力と視覚の関連に批判的な照明を当てた思想家で、その『監獄の誕生』（新潮社、一九七七年）で取り上げているベンサムの一望監視施設（パノプティコン）は、まなざしの懲罰的で矯正的な機能の際立った在り方を示すものであった。これは地下室の原理を逆転させて、中央の塔に監視人が隠れて見えざる神のように各独房にいる人間を見張っている監獄である。

この一望監視方式の監獄が権力を「自動的なもの」にし「没個人化」することによって、人間の日常生活と権力の諸関係を規定するひとつの方法として一般化が可能であり、それが社会全体のなかに広がる性質を帯びていることに、フーコーは着目したのである。近代社会に広く行きわたる権力の一望監視的な様式は、まなざしの持つ権力的な意味を象徴する非常に興味深い一例と言えるが、フーコーはマーティン・ジェイのいわゆる二〇世紀のフランス思想における反視覚的言説の系譜に連なり、西欧の認識論的伝統のうちにある視覚の優位と人間中心主義的な主体の結びつきを批判してきた一人である。

吉本隆明が言うように無限遠点の無限権力によって権力を無化できるというのは、ＳＦアニメ的な発想の域を出る

無限遠点の無限権力
で権力を無化???

ものではない。そもそも、米ソの宇宙競争のなかから生まれたランドサット・マップは、権力のテクノロジーの副産物ではあっても、権力そのものではないし、ましてや高度な「視線」イコール「権力」であるわけがないのだ。

吉本隆明がダシに使っているフーコーにとって、権力はたんなる視線や不可視の光線のように宙に浮いたものではなく、さりとてまた、主体によって所有されるような実体でもなく、あくまで人間の相互行為の結果発生するものであって、社会生活をするということ自体が権力あるいは権力関係の網の目に参入することを意味する。

こういうフーコー的な観点からすれば、人間は権力というものに肯定的であれ否定的であれいずれの態度で臨むにせよ、それを避け得ない。のみならず、権力関係のない社会が抽象にすぎない以上、権力のない自由もまた同様に抽象にすぎず、しばしば考えられがちなように、自由は権力の対立物ではないのだ。

## 自由と権力の政治的意味

さきに素描したように、わたしはハンナ・アレントにならって、権力というものを根本的な意味でどこまでも政治にかかわる人間的事象として、しかもあくまで言葉と行為による人間の活動に伴って現われるものと理解しているので、多数の人間存在や社会関係と無縁なところで権力や無権力といった言葉を振り回す吉本隆明の論議を抽象的な観念論としてしりぞける。

とりわけ、ハンナ・アレントによる自由と権力についての政治的自己理解が重要と考える。その「自由とは何か」（『過去と未来の間に』Ⅱ『文化の危機』、合同出版、一九七〇年）でアレントが強調するごとく、政治的な意味での自由は瞑想生活の自由やキリスト教的な自由、つまり、意志や思考の自由や内面の自由と違って、人間の活動的生活における活動の属性である。

すなわち、「人間が自由であるのは、人間が活動しているかぎりであって、その前でもその後でもない。なぜなら、自由であることと活動することは同じことであるから」。ギリシアの都市国家こそ、「人びとに活動できる出現の空間、自由が姿を現わすことのできる一種の劇場を提供した「統治形態」であった」。

もし、都市国家の意味で政治的なるものを理解するとすれば、「その目的、その存在理由は、妙技としての自由が姿を現わすことのできる空間を樹立し存続させることになるだろう。これは、自由が現世的なリアリティであり、言葉として聞こえ、行為として見え、出来事として語られ、記憶され、物語として最終的には人間の歴史の偉大な書物に変わる、そのような領域である。この出現の空間において起こることは、たとえそれが活動の直接的な産物でなくとも、すべて本性上政治的である」。

こうして、「政治の存在理由は自由であり、その経験の場は活動である」、とのきわめて重要な洞察に至る。自由が姿を現わすのは、「私は志す《アイ・ウィル》」と「私はできる《アイ・キャン》」とが一致する場合のみであって、ここから活動に固有の「妙技のような自由」が生まれる。それは「卓越」とか「徳」と呼ばれた政治的な美徳の別名でもある。ハンナ・アレントのいわゆる「意志の属性ではなく、行為と活動の付属物としての自由」、あるいはまた、「妙技のような自由」は、わたしのささやかな活動の経験からも身をもって実感してきたものである。

要するに、人間の政治や制度を超越した無権力などというのは、吉本隆明のようなロマンチックな知識人のタワ言にすぎず、無権力状態は社会の一種の解体状況を意味し、人間が共同して活動して社会を形成し維持する能力の欠如 ― すなわち、無能力の結果である。しばしば、無能力が暴力を、逆にまた暴力が無能力を生み出すことは、すでに指摘した通りである。

ハンナ・アレントが人間の活動を公分母とする権力と能力と自由の連関に、いみじくも着目して明らかにしたごとく、権力《パワー》は他人と協力して活動する人間の潜在的《ポテンシャル》能力に対応し、政治的な意味での自由は活動によって人が志すものを為し得る点にあり、この「私は志す《アイ・ウィル》」と「私はできる《アイ・キャン》」が見事に一致する場合に、活動《アクション》を演技《アクション》にも近しいものとする「妙技のような自由」が姿を現わすことも、さきほど指摘した通りである。

繰り返すが、少なくとも政治的な意味では、自由は意志の属性ではなく人間の活動の属性であって、逆に活動しない人間が自由の本当の意味を知ることはできない。なぜなら、政治的な意味での自由は好むと好まざるにかかわらず、活動とともに出現する権力の保持ないしは体現の別名だからだ。

# 第四章　消費都市のバブル批評

## ――バブルの泡踊りの批評と下部構造のゼネコン都市の現実

### 消費のユートピア

吉本隆明の人工都市論あるいはユートピア都市論は、レジャーランド的な消費都市を「逆ユートピア」とか「解体ユートピア」などという言葉で一見批評しているように見せかけて、その内実は高度資本主義と大衆消費社会の礼賛以外の何物でもない。それは『ハイ・イメージ論』のモチーフと吉本隆明のホンネを問わず語りに語る暗喩となっているのだ。

一例として、『ハイ・イメージ論』の「人工都市論」を取り上げると、たとえば宮沢賢治から初期社会主義者まで、何を言いたいのか分からないほどユートピアの理念を要領悪くこねくり回したあげく、最後の結論でこう書く。「わたしたちは初期社会主義者たちのえがいたユートピア都市のあらわれを、先進的な高度社会でいくつかみつけだすことができるようになった。さしあたって大阪地区の『つかしん』などに例がある」と。

ユートピアもずいぶん格下げされたものだと思わざるを得ないが、その『つかしん』というのは西武資本が再開発したもので、要するにさまざまなショッピング・センターや飲食店街のほか公園とかスポーツ・センターとかホテルとか教会などを集めた、いわば「ショッピング・ディズニーランド」の「消費の人工都市」と考えればよかろうが、バブル期の乱開発の象徴的事件となったイトマン事件の舞台となったところだ。

こうした事件が起きることを知ってか知らずか、吉本隆明もさすがに持ち上げすぎては気が引けるのか、「このユートピア解体の実験は折衷的で、不徹底なために、販売し利潤を獲ようというモチーフがいたるところに露呈をさらし、いまのところそれほど大きな実験的な意味をもってはいない」と断わっている。

しかし、より率直にホンネの出る都市論集『像としての都市』の講演では、「現在の高度資本主義の資本から、もし脱資本という理念を持った資本主義があるとすれば、それは人工都市というのを商業や商売の匂いなくして造ることが可能なはずです。さしあたってそれは消費都市としてしか造れないわけですが、消費都市としても商売の匂いがしないような都市を造れるはずです」（「ハイ・イメージ論」）、と高度資本主義と大衆消費社会の赤ん坊のヨダレクリのような口調となる。

その同じ講演で吉本隆明はこうも言っている。「本来ならば社会主義者や理想主義者がかんがえて実現しなければならない人工都市が、逆に高度資本主義社会で少なくとも脱資本という理念に近づこうとする資本主義によって理論的には完全に実現が可能です」「脱資本主義以外に資本主義が高度になってゆく時に生きてゆく途がありえないことが本当によく分っている資本家が出てきて、そういう人がやるとよくやれるんだとおもいます」。

資本主義と資本家を手放しで賛美する吉本隆明の念頭には、天皇家の二倍の土地を所有しているというので、「東洋的デスポティズム」の「終焉」などと持ち上げた西武資本などがあるのだろう。すなわち、吉本隆明は『いま、吉本隆明二五時』（弓立社、一九八八年）に収録されている講演で、猪瀬直樹の『ミカドの肖像』（小学館、一九八六年）に寄せて言っている。「現在西武の土地が天皇家の土地に比べて、使うことが可能な土地として二倍くらいになった、ということは、云ってみれば、東洋的なデスポティズムとしての天皇制は終わったことを意味していると、僕は思っています」と。

そんなに簡単に「財力」で「終焉」する「東洋的デスポティズム」に、なぜ吉本隆明は「犬も歩けば東洋的専制！」とばかりにこだわってきたのか。さきの「人工都市論」でも吉本隆明は「消費の人工都市」の担い手を「財力」あるものに求めているが、ここに露呈しているのは「資本」や「財力」に弱い吉本隆明のアキレス腱である。吉本隆明が西武資本や角川資本に弱いのもそのためだが、あとで見るように阪神大震災に寄せた一文では、口を極めてダイエーの中内功をホメ上げていた。つまり、吉本隆明は政財界のお偉方に弱いのである。

それだけ「消費資本主義」に入れ込むなら、なにも無理をして「自分自身では『新・新左翼』と自己定義しています」（『わが転向』、文藝春秋、一九九五年）などと虚勢を張らなくてもよさそうなものだが、やはり自らの「転向」にうしろめたいものを感じるので、ハッタリをかませてカムフラージュしたいという心意が働くのだろう。

しかし、〝本卦がえり〟という言葉ではないが、戦前・戦中に「愛国少年・軍国青年」だった吉本隆明は、戦後は「右翼」から六〇年安保・全共闘時代の「新左翼」に一足跳びしたのち、一九七〇年代以降の高度経済成長とともに体制内保守化して行き、二〇一一年の三・一一フクシマ後は「超右翼」の雑誌『撃論』（オークラ出版、二〇一一年一〇月）に元航空幕僚長の田母神俊雄や自民党政治家たちと登壇し、軍服こそ着ていないもののアジ演説まがいの原発擁護の一席を下々にぶつのだから、見事な軌跡を描いて〝本卦がえり〟を果たしたと言えよう。元右翼の出の吉本隆明がさすらいの果て、晩年に超右翼の本家に帰ったのである。

こういう無残な末路を見るにつけ、人間も晩年は少し謙虚でありたい思う次第だが、資本を持ち上げる吉本隆明のさきのセリフは、どこかで聞いた覚えのある古い歌の焼き直しである。さよう、『ハイ・イメージ論』に先立つ『マス・イメージ論』（福武書店、一九八四年）に、底の割れた手品のトリックとはいえ、何とも痛ましいまでに資本にコビを売るレトリックがあった。

すなわち、この資本教の弁護人いわく。「CMの極限の姿と効用」として「たぶんCMは企画者である資本やシステムの象徴を先鋭化することで、逆にその管理を離脱する契機をつかまえるのだ。……ただ無意識のうちにCMがCM効果の否定を実現してしまうかどうかだけが重大なのだ」（「画像論」）と。

とにかく、吉本隆明は頑固な「資本教」の「弁護人」であって、その「資本教」の「弁護」のためには、「脱資本」を目指す資本や資本家が高度資本主義のもとで生まれるとか、「消費資本主義」は「超資本主義」に「超出」するといったたぐいの、苦しい弁証的詭弁を弄さざるを得なくなるほどに、その信仰は焼きが回っているのだ。ある日、突然、有が無になり、「資本」が「脱資本」に、「資本主義」が「超資本主義」に変身するこの弁証的詭弁は、中沢新一が称賛する西田幾多郎や田辺元の「絶対矛盾の自己同一」を想起させる。

この「絶対矛盾の自己同一」なる神秘的な弁証法が、太平洋戦争下で天皇制国家と戦争政策を神秘化し正当化する役割を果たしたことは、さきの第一部「亡きグルのためのパヴァーヌ」で、中沢新一の『フィロソフィア・ヤポニカ』（集英社、二〇〇一年）にこと寄せて指摘した通りである。しかし、それがおまけ付きで戦後のバブル期に、吉本隆明による資本主義弁護の詭弁として再登場するとは、さすがのわたしにも想定外のことであった。

つまるところ、吉本隆明が十年一日のように歌っているのは、「消費は神様です」との聞き飽きた古い歌でしかない。そこには、市場の基準以外の基準、消費の限界以外の限界はなく、ただひたすら消費することだけが美徳なのだ。ルイス・マンフォードが『歴史の都市　明日の都市』で見抜いていたように、大都会経済という形態をとる膨張経済のもとでは、「ある商品を流行させては自動調節的にすたれさせることによって、機械生産の経済は、余剰や恒久的な富を生み出すどころか、ますます大規模な消費を強いることによって差引きゼロにさせられる」。こうして、都市は「消費物、いな消耗品」となってしまい、「人間性を存続させる媒体」としての「都市の主要な機能」を損なうのである。

とにかく、吉本隆明の「消費の人工都市」や「消費のユートピア」の讃美歌を耳にすると、いったい都市の都市たるゆえんは何か、とあらためて問い直さざるを得なくなる。なぜなら、ルイス・マンフォードがさきの『歴史の都市　明日の都市』で古代都市の性格にこと寄せて書いているように、「より高い局面における都市の最良の定義」は「意味ある会話に最大の便宜をあたえるよう設計された場」ということにあるからだ。

このような意味での人間個性の劇的な対話にみちた自由闊達な劇場としての都市が、人間を物量としての大衆として扱う吉本隆明流の消費としての都市の機械的景観のモノローグにとって代えられねばなるまい。ついでながら、劇場としての都市という観点から見れば、大室幹雄が『劇場都市 ― 古代中国の世界像』（三省堂、一九八一年、ちくま学芸文庫、一九九四年）で、雄大な筆致で描いている中国の古代都市などもその一つであろう。いかにも現代の消費水準や消費感覚から見ると、過去の都市はいずれもまことに貧弱な水準かも知れないが、都市の劇的な対話や機会という意味では、むしろはるかに豊かだったとも言えよう。

吉本隆明の消費都市に市民も政治も不在であることは見てきた通りである。ところで、政治的（ポリティカル）という言葉は古代ギリシアの都市国家（ポリス）に由来するが、アリストテレスの『政治学』（岩波文庫、一九六一年）にしてからが、言うなれば包括的なポリス学つまり都市学であって、ポリスにおいてよく生きるための教えという性格を持つ。

ポリスにおいてよく生きるとは、市民が都市の政治的な公共生活でそれぞれ力量を発揮し卓越ないしは徳（アレテー）を示すということである。このように、都市の都市たるゆえんは、ともに語りともに行為する市民たちの活動の舞台ということにあるのだが、吉本隆明の都市論にあっては、政治的で能動的な公共生活に参与する市民ではなく、脱政治的で受動的な消費生活に付き従う大衆が理想像となる。

むろん、このいちじるしいギャップは、古代や中世の市民精神にあふれた自治的な都市国家に引き比べて、現代の大都市を特徴づける脱政治化した大衆社会とのあまりの落差を象徴するとはいえ、吉本隆明の無手勝流の都市や都市的なもののイメージの貧困と歴史的な視野の狭さは覆い難い。そこから、およそ消費のほかは〝空っぽ〟の〝空洞〟の人工都市論やユートピア都市論が導き出されるのだ。

## バブルに浮かれ踊った『ハイ・イメージ論』

戦後日本の資本主義的発展は一九六〇年代の高度経済成長期から一九八〇年代のバブル期にかけて、いわゆる大衆消費文化を社会のすみずみにまで浸透させ、この国の都市と環境に画期的な変容をもたらした。戦前・戦中の苦難の時代をくぐり抜けてきた吉本隆明のような戦後批評家にとって、消費はかつての飢えと貧困の裏返しで、文字通り神様なのである。

ハイ・イメージのテクノロジーとマーケティングを駆使して、都市を消費の場であると同時に投機の対象として演出し利潤の源泉とする資本の活動は、この資本教と消費の熱心な弁護人には解放と映る。そこに、わたしは飢えと貧困の世代に特有の抜き難い時代の刻印を認めるとともに、新しい時代を批判的にとらえる視点を持ち合わせないがゆえに、それだけ時流と体制に迎合し転向に転向を重ねていった、この戦後批評家の見苦しく決定的な限界を見ないわけにはいかない。

要するに、吉本隆明のハイ・イメージ論と都市論は、高度経済成長期からバブル期へと至る戦後日本の資本主義的発展の上に咲いた、大衆消費文化のアダ花と名づけるほかないのだ。それはこれからくわしく取り上げて批判するように、バブル期のゼネコン都市の虚構への馬鹿げた悪乗り以外の何物でもないのである。

吉本隆明をはじめ日本の知識人の総転向とも呼ぶべき一九八〇年代以降の大衆消費文化とサブカルチャー礼賛の大合唱の背後には、とりわけバブル期のゼネコン都市の象徴たる東京の変貌、および、これらに踊らされたバブルの文化人と文化現象がある。というのも、この時期に官僚・ゼネコンを仕掛け人とする、東京の超高層ビル化とさまざまなモード産業によるファッション化が進み、バブルは大衆消費文化とサブカルチャーの氾濫というかたちで、文化や文化人をもとらえたからである。

東京から地方へと流れ下っていくこの大衆消費文化もサブカルチャーも、基本的にはマス・メディアとマーケティングを駆使したバブルの演出の一結果である。当時流行した記号論をもじれば、わたしがすでに『知の虚人・吉本隆明』でも書いた通り、モノがあふれて商品が「希少性」という「価値」を持たなくなると、不要な商品を人に買わせるため、広告代理店やコピーライターを動員したテレビをはじめとするマス・メディアのメッセージを通して、その商品を「記号化」し「差異化」し、文字通り〝アブクの泡〟のような含み資産の〝バブル〟を売り出すしかないわけである。

こうして、小谷敏が『若者論を読む』（世界思想社、一九九三年）で的確に描写したように、「八〇年代にはマーケターに主導され、消費社会礼賛の大合唱がまき起こった。昔の左翼（コム・デを着た吉本隆明）もニューアカ（蕩尽理論をみよ）も、みんなこの大波に『のった』のだ。厳しい批判者というブレーキを欠いた、『消費社会』号という名のハイテク（財テク？）カーは、バブルがはじけるまでの間、暴走を続けたのである」。

そのバブルに踊った文化人と文化現象の生態については、さしあたり小谷敏をはじめとする若い社会学者たちの批判的仕事が参考になるだろう。わたしが批判してきた戦後批評家の吉本隆明なども、ハメをはずしてバブルに浮かれ踊った一人で、かれのこの時期の大衆消費文化とサブカルチャーの礼賛、ひいてはまた、これに続く東京の超高層のファッションビルを上塗りするハイ・イメージ論と都市論は、この意味において日本のバブル文化史上の一エピソードとして記憶されよう。

さきに結論を言えば、それは中曾根康弘の差し金とバックアップによって推進された官僚・ゼネコン主導型の――しかも、オール与党化した長期惰性の自民党政権下で展開された東京の再開発事業、なかんずく、霞ヶ関官僚が無から有を生み出す手品に使った容積率などの規制緩和に助けられつつ、要するにバブルの錬金術たるファッショナブルな超高層ビルの建設ブームを「ハイ・イメージ」だとか「高次映像」だのと、気恥ずかしくなる衒学的な美辞麗句を連ねて美化した一種のバブル批評というよりもバブルの泡批評だったのだ。

都市論の観点から忘れてならないのは、このバブルの文化人と文化現象という「上部構造」は、官僚・ゼネコン主導の都市再開発による東京の変貌という「下部構造」によって規定されていたということであり、なかんずく、吉本隆明がハイ・イメージ論で展開したバブル批評ないしはバブルの泡批評は、このゼネコン都市の虚構の現実へのオマージュという性格を持っていたということである。

## ゼネコン都市の現実とバブルの下部構造

そこで明らかにしておきたいと思うのは、バブルの文化の具体的な舞台装置たる東京の変貌である。五十嵐啓喜と小川明雄の『「都市再生」を問う』（岩波新書、二〇〇三年）がくわしく跡づけたように、バブル期の首相だった中曽根康弘が「山手線の内側はすべて五階建て以上の建物が建てられるようにしなければならない」と述べ、これを「アーバン・ルネッサンス」と名づけて、建設省（現在の国土交通省）に東京再開発のための規制緩和を指示したのは一九八〇年代初めである。

これを受けて、建設省が打ち出した規制緩和による都市再開発は地方都市にも適用され、乱開発と土地投機と地価高騰は全国に波及した。なかでも、東京の地価を異常に押し上げた最大の要因は、用途地域の見直しと容積率の規制緩和による都市の高層化である。東京都の当時のある試算によると、規制緩和で新たに生み出される東京二三区の床面積はトータルで渋谷区の総面積にほぼ等しい。これこそ、無から有を生み出す建設省官僚の手品であり、バブル期に吹き荒れた錬金術のトリックとマネーゲームのカラクリだったのだ。

中曾根康弘の差し金でバブルを演出した霞ヶ関官僚は建設省だけではない。やはり、一九八〇年代半ばの国土庁（国土交通省に統合）の「首都改造計画」にしても、東京二三区を東京の中心部と位置づけ、ここに世界都市としての国際的機能と首都としての全国的機能を集中させ、二〇世紀末までにこの二三区に霞ヶ関ビルの三三三棟分の超高層ビルに相当する、五〇〇〇ヘクタールの床面積の需要の発生を見込むものだった。

これからは、東京も世界都市として、ニューヨークやロンドンに次ぐ国際金融や国際ビジネスのセンターとなり、国内のみならず世界中から多国籍企業が東京にやってきて、業務も情報もそれに伴うビジネス・チャンスも増えるというわけで、バブル期の大手不動産をはじめとするビル用地の獲得合戦と地価高騰に拍車をかけたのである。

その国土庁が「第四次全国総合開発計画」（四全総）の私案を発表したのもこの時期で、スローガンとしては「多極分散型国土」の建設をうたっていたが、東京臨海副都心の構想と首都圏の業務核都市の育成を打ち出し、「東京一極集中」を加速する内容を含んでいたため、当時熊本県知事だった細川護熙ら国土審議会の地方代表委員らの反発と集中砲火を浴びた。

しかし、中曾根首相の強い差し金と巻き返しによって、最終的に東京都心の大改造計画と臨海副都心構想などはそのまま残った。この臨海副都心構想の起爆剤として計画された世界都市博覧会が、都市博中止を公約とした青島幸男の知事当選によって中止に追い込まれ、東京都と大手企業がバブルの利権を当て込んだ臨海副都心構想そのものも、見直しを余儀なくされるに至った。

バブル期の都市再開発に関与した霞ヶ関官僚の責任としては、当時の建設省や国土庁の役人のほかにも、大蔵省（現在の財務省）のそれも重大である。なぜなら、当時の大蔵官僚は、バブルの崩壊で膨大な不良債権を表面化させた住宅金融専門会社（住専）に、大量の天下りの人材を送り出し、薬害エイズ問題での製薬会社と厚生省の癒着同様、行政官庁としてのチェック機能を自ら失って、不良債権が雪ダルマ式に膨れるのを放置しただけでなく、そのあと始末のツケを国民に転嫁したからである。

のみならず、住専の大口融資先はバブル期に大手ゼネコンと組んで都市開発と土地投機を進めた不動産業者であって、責任は母体行と農協系の金融機関だけでなくゼネコンにもある。忘れてならないのは、いわゆる住専問題もまた、中曾根民活政治とバブル経済によって開かれた、地上げ屋の暗躍やゼネコン汚職を伴うすさまじいまでの投機ブームと土地狂乱という、パンドラの箱の災いの一つだったということである。

ついでに強調しておくと、とにかく戦後半世紀の保守政治家のなかで、原子力開発からバブル経済の演出まで、しかも幾多の構造汚職の疑惑に包まれつつ生きて生き延びてきたという点で、中曾根康弘ほど巨悪に関与した悪賢い政治家はいないということだ。その中曾根康弘にゴマをすって原子力に翼賛したり、いかがわしい「日本学」を担いだ御用学者やバブルの文化人がそのあとに続いたことも、わたしたちの記憶に新しい。

わたしが『原子力マフィア』で具体的に暴露しておいたように、哲学者の梅原猛などはその典型だが、ドン・キホーテとサンチョ・パンザさながら、その梅原猛のあとに続いて原子力業界のＰＲ誌『原子力文化』で原発の提灯を担ぎ、中曾根康弘のアーバン・ルネッサンスにハイ・イメージで悪乗りした吉本隆明こそ、バブルの文化人の最たるものであった。この中曾根ゴマスリ文化人の御両家に、中沢新一を加えた鼎談『日本人は思想をしたか』（新潮社、一九九五年）などは、バブル文化の〝宴のあと〟と読むことができよう。

あらためて、この間の吉本隆明の軌跡を省みるに、消費ブーム

中曾根康弘の掌で
踊ったバブルの泡

のはしりにアフリカ猿人かピテカントロプスがニューファッションでぬっと現われたといった感じで、柄にもない高級ブランドの「コム・デ・ギャルソン」の衣装を身にまとって、消費社会の広告マンを自ら引き受けたかと思うと、こんどはバブル期の『ハイ・イメージ論』で「東京モデルではすでに数十の超高層ビルをもっている」（「分散論」）、とうれしげに東京の超高層ビルの建設ブームを手放しで礼賛してゼネコン都市の現実に肩入れする。

わたしは吉本隆明を中曾根康弘の掌で踊ったバブル文化人の第一級戦犯と考えるが、同じ見方を佐高信の三・一一後の『原発文化人五〇人斬り』（毎日新聞社、二〇一一年）がしているのを見てわが意を得た思いだった。こうしたバブル批評ないしはバブルの泡批評が「新『新』左翼」を自称する戦後批評家から飛び出すとは、さすがの霞ヶ関官僚や中曾根康弘も想像だにせず、もし知ったら「うい奴じゃ」と苦笑を禁じ得なかっただろう。しかし、すでに当時から籐の立ったご老体だった批評家の吉本隆明には、バブルが崩壊したこともその意味も分からなかったと思われる。

吉本隆明は『超資本主義』に収録した時評で、バブル期の産物たる世界都市博の中止に関連して、中止の決定を「サリンを撒いたとおなじだ」と評して物議をかもした鈴木俊一元東京都知事の言葉をわざわざ引用して、「わたしなどもおなじような感想をもつ」と書いたが、この老批評家の老化現象も相当進んでいると感じざるを得なかった。

世界都市博の中止は、これを公約に掲げて都知事に当選した青島幸男の公約履行の結果で、これだけは評価できる当然にして賢明な決定だったが、ゼネコン都市の狂信的な信奉者たる吉本隆明にとっては、まったく逆にこの決定だけは許せなかったようだ。この老批評家は右も左も利権にぶら下がったオール与党の都議会の決議をタテに、例の〝吉本御老公〟の〝印籠〟たる「犬も歩けばスターリニスト！」をまたぞろ持ち出して書いている。

「わたしはほかのことは青島幸男を都知事に選んだ都市大衆の叡智に舌を巻くほど感服したが、この公約はつまらない独りよがりだけで、都市大衆の利害をまったく勘定に入れずに、じぶんの理念を大衆のためにつくすものだと主観的に思い込んでいるだけの旧来の進歩派（スターリン・ソフト）を一歩も出ようとしないし、破ろうともしない態度におもえて仕方がなかった」と。

当時の〝青島・ノック現象〟とは、いまも変わらぬ政官財の構造癒着を背景としたオール与党の談合政治、そしてまた、世界都市博に象徴されるような官僚・ゼネコンの利権を当て込んだバブル期の都市再開発への、いわば暗黙の拒否の一表現だったのに、吉本隆明は「旧来の進歩派」の裏返しの頑迷な「新保守主義」から、あの長期惰性の鈴木元都政の「見果てぬ夢」を追い、それを「都民大衆の利害」という大ボラ話に仕立てて弁護したにとどまらない。

当時の世界都市博の宣伝文句のなかに、吉本隆明をして「あまり期待をかけることはできないとしても都民や国民の消費が活性化され、企業体の収益が刺激され、不況を脱するためのいくばくかの経済好転をもたらすことは疑いない」（傍点は引用者）と言わしめた動機があったとしても、その後バブルの崩壊でパンクした官僚・ゼネコンの利権の当て込みをなおも露骨に支持して、自らの時代錯誤ぶりを恥ずかし気もなく世間にさらしたのが吉本隆明だったことは記憶と記録に値する。

そもそも、世界都市博の前提をなす臨海副都心構想そのものが、一九八〇年代の中曾根民活政治とバブル経済によるゼネコン都市の虚構の産物であって、熱病のごとき投機ブームと地価高騰のバブルの嵐が過ぎ去るや、八兆円とも一〇兆円とも見積もられた膨大な事業費を地代で回収する目論見は完全に当てがはずれた。臨海副都心地区に本社ビルの移転を計画していた大手企業も、フジサンケイグループなどを除いて軒並み進出を凍結し、建物もまばらな広大な埋め立て地が野原のような景観を呈するなど、鈴木元都政のバブル経営が残した負のお荷物を抱えるに至ったのだ。

　吉本隆明が『ハイ・イメージ論』で持ち上げた黒川紀章らの首都改造論の政治経済的背景が、このバブル期の官僚・ゼネコン主導型の大規模な都市再開発事業にあったことは言うまでもない。その黒川紀章がＰＲ館の設計を担当した青森県六ヶ所村の核燃料サイクル施設は、これまた原子力開発の巨大で危険なバブルの震源地となった場所である。ここでもまた、吉本隆明は黒川紀章を介して、原子力翼賛のバブル批評家というよりもバブルの泡批評家であったことを裏づける。

　戦後批評家の吉本隆明が翼賛したバブル期の都市再開発事業は、従来からの建設業界に加えて不動産業界と住宅業界に空前の利益をもたらし、それは政治家にとって政治献金や汚職の最大の源泉となった。このバブル期の政官財の三位一体の構造癒着による「日本株式会社」の中枢にいた小沢一郎をホメ上げたのも吉本隆明であった。

　すなわち、吉本隆明は『わが「転向」』で政財界のオエラ方へのヨイショとして、小沢一郎の著書を「常識に富み、妥当な見解」で「人間的な響きのある発言をする人で、僕は好感を持つ」と評していた。この発言は小沢一郎が中曽根康弘のあとを継いだバブル崩壊期の傲慢極まる振舞いの自民党幹事長時代ではなく、フクシマ三・一一以後に脱原発派に転向して尾羽打ち枯らした現在にこそ言ってほしかった言葉だ。しかし、その三・一一を受けて、吉本隆明は「反原発で猿になる！」と吠え、これを〝辞世の句〟にそれこそ「四つんばい」の見苦しい姿で原発にしがみついて〝殉死〟したのだから、小沢一郎にも劣るかなわぬ知性でしかなかったと言うほかかない。

　いわゆる住専問題はバブル期のゼネコン都市の現実の上に咲いたアダ花であったが、住専問題を引き起こしたのは、吉本隆明が『ハイ・イメージ論』で持ち上げた超高層ビルの建設ラッシュを目玉商品とする都市再開事業の推進力そのものにほかならず、とりわけ霞ヶ関官僚が無から有を生み出す手品に使った容積率の規制緩和や用途地域の見直しといった錬金術が都市の高層化を促したことも、すでに指摘した通りである。

いったい、この政官財の構造汚染による錬金術が、大手ゼネコンや大手不動産の利潤や資本の蓄積に貢献したということはあっても、吉本隆明の言う「消費国民大衆の個人消費の総体」にどう関係していたというのか。消費の神話やゼネコン都市の現実を信奉する吉本隆明は、自らの『ハイ・イメージ論』の下部構造をよく点検してみるべきであった。そうすれば、自ら礼賛してやまない「高度な消費資本主義」なるものが、その「実態」においていかに「泥沼状態」を呈しているか、明らかになったはずだからである。

## 世界都市を貶める矮小な些事や枝葉末節の議論

ここで、吉本隆明が初期の評論で東京のマンモス団地やマンションを「共同納骨堂」に、高層ビルを「墓標」にたとえてこきおろしながら、その後のバブル期に東京に林立した超高層ビルを「世界都市」の標識として持ち上げるに至った大変身に寄せて、一筆しておこう。これは吉本隆明がつつましい下町の民家のたたずまいから抜け出て、いまはやりの超高層ビルのファッションについて論評できるようになった、文筆家としての〝立身出世物語〟を暗示するものである。

そもそも、シュメールの古都ウルやウルクやバビロンに始まり、アテネやローマ、長安や洛陽、アレクサンドリアやコンスタンチノーブル、ヴェネツィアやフィレンツェ、はたまたパリやロンドンやニューヨークや東京に至るまで、史上に「世界都市」は数多い。しかし、いくら何でも、さきに見たような日本庭園の真似事をビルのなかにしつらえたり、幾重にも折り重なったビルの窓越しにＪＲの電車が見えるといった、要するに超過密による場所の不足と空間の圧縮を象徴する、愚にもつかぬ矮小な些事でそう呼ばれた例はなく、これでは東京も恥をかくだけだ。

やはり、世界都市というからには、それなりの歴史性や国際性があってこそ、その名に値するはずである。しかも、日本の京都などもその一つと言えようが、歴史と由緒のある世界都市は、遠隔地から国境を越えて多くの人びとを惹きつける魅力ある都市の核というものを持つ。それゆえ、たとえばかつてゲオルグ・ジンメルは「大都市と精神生活」（ジンメル著作集第一二巻『橋と扉』、白水社、一九七六年）で、大都市を特徴づけて「コスモポリタニズムの場」としてとらえたのである。

ルイス・マンフォードも『歴史の都市　明日の都市』で言うような、「人類のあらゆる種族や民族を、互いに協力し交流する共通の場に初めて投げ入れられるところの、諸活動の焦点」「新しい人間個性―「一個の世界人」という個性―という個性―を表現し実現するための不可欠の機関」といった意味合いにおいて、東京なら東京が「世界都市の文化的機能」を十分に備えているかどうか点検してみるべきだろう。

近年、「世界都市」という言葉は、こうした人間と文化の国際交流の焦点という意味での文化的機能よりも、むしろグローバル化した資本主義の変容を背景に、つまり政治経済的機能の観点から頻繁に使われているように思われる。それを端的に象徴するのは、資本や金融の多国籍化と国際化であって、ニューヨークやロンドンや東京への国際的な政治経済の中枢管理機能の集中集積による、これら巨大都市のグローバル・センター化である。

しかも、これら巨大都市が都市崩壊の危機のなかで、国家プロジェクト的な官僚主義と巨大資本の大型投資とハード・テクノロジーに基づき、それぞれの国の支配層の手で「世界都市」なるものを演出する「都市再開発」を戦略とした、ということが挙げられる。その特徴を一言で表現すれば、ルイス・マンフォードのいわゆる「不断の経済拡大の下での豊かな社会」なる理念に支えられた「メガロポリスの技術」ということになろう。

この「メガロポリスの技術」こそ、これまで「歴史豊かな都市の整然たる構成を非情な活力でつぎつぎ破壊してきた技術」にほかならず、こうした技術による都市再開発が「不動産業者、建設業者、市政治局、政府の官僚主義機構、といったところの要求を満足させるために仕組まれたもの」だということは、いくら強調しても強調しすぎることはない。

この点、いわゆる「臨海副都心」構想も含む東京の都市再開発もその典型で、一九八〇年代の中曽根民活政治とバブル経済にあおられて、地上げ屋の跋扈やゼネコン汚職を伴う、すさまじいまでの土地投機と地価暴騰を招いたことは、わたしたちの記憶に残っている。このような観点から、「世界都市」なるものの批判的解剖を試みるなら意味もあるが、およそ生くさい政治や経済や社会には背を向けて、ひたすらファッションや流行に追随して、アブクの泡踊りに余念のない吉本隆明流の枝葉末節の『ハイ・イメージ論』の議論では、まったくお話にならないのだ。

# 第五章　巨大都市の制御不可能性

## ―阪神大震災や東日本大震災でも止まらぬ成長信仰とハード路線

### 阪神大震災と地下鉄サリン事件

戦後五〇年目に当たる一九九五年の初頭、神戸と東京という日本の二つの巨大都市を相次いで直撃した阪神・淡路大震災と東京の地下鉄サリン事件は、国中を震撼させ世界の耳目を引きつけずにはおかない、世紀末的な不安と混迷を象徴する出来事であった。阪神・淡路大震災は死者六四〇〇人余、負傷者四万人以上、地下鉄サリン事件は死者一三人、負傷者約六三〇〇人の犠牲者を数えた。

なるほど、一方は天災であり、他方は人災だった、という違いはある。しかし、一五〇万人の人口が集中する神戸を一夜にして壊滅させた一九九五年一月一七日のマグニチュード七・三の阪神・淡路大震災が、突発的な大地震という不可抗力の天災によってもたらされたとはいえ、都市の巨大化と「神戸市株式会社」と呼ばれた都市経営による人災という性格を伴ったことは、少なからぬ論者の指摘するところであった。

そもそも、海と山とにはさまれた狭い帯状の土地に一五〇万人もの人口が集中していること自体、過度成長の巨大都市の限界を示していた。にもかかわらず、神戸市は人口一八〇万人を目指した総合計画を立て、六甲山系の北側の山を削り、海を埋め立ててポートアイランドなどの人口島を造成する巨大開発に邁進した。それが「神戸市株式会社」と名づけられた都市経営路線であった。

他方の巨大都市・東京は政管財三位一体の「日本株式会社」のもとで、大手企業が支配権を持つデベロッパーやゼネコンを先頭に、資本主義的な投資と投機の巨大な坩堝と化し、乱開発の食い物とされていった日本の都市の姿を象徴したが、この点では「神戸市株式会社」の異名をとるもう一つの巨大都市・神戸もまた例外ではなかった。阪神・淡路大震災が直撃したのは、まさにこの不動産屋と土建業者、デベロッパーとゼネコンが主導した戦後日本の資本主義であった。

しかるに、資本教の信者たる吉本隆明にとっては、それは「資本主義の産業経済的な最高の段階」としての「消費資本主義」または「超資本主義」の対象として美化され、阪神大震災も資本主義企業体なかんずく「現在の日本の消費資本主義の社会で、興隆しつつある最良の第三次産業の企業体」の「総帥」の出番と映った。それはスーパー「ダイエー」の会長だった中内功のことだが、ひたすら企業体や資本家の賛美に回るところに、この転向批評家の掛け値のない実態とスタンスがあった。

吉本隆明は『超資本主義』で阪神大震災の直後に、「現在日本社会でいちばん活力のあるこの優秀な企業家」「現在のところ望みうる最上の活力と能力をもった企業体首脳」、とゴマのスリコギを最大限にすって、この「企業体首脳」とやらの新聞発言を長々と引用しつつ、「中内功の構想力の内側では第三次産業を主体として消費都市として再建される神戸地区の姿が描かれている」と書いている。

わたしはスーパーのダイエーにいかなる個人的感情も抱く者ではないが、神戸の復興と再建は第三次産業本位やスーパー本位でなく、あくまで市民本位に考えねばならないことは、いくら強調しても強調しすぎることはないと考える。しかも、震災からの復興や再建ということになると、むろん肝心の神戸の市民の自助と相互扶助を根本としつつも、全国各地からはせ参じた無数の市民のボランティアの活動も無視できなかったはずだ。

しかるに、吉本隆明においては市民の活動などまるっきり眼中になく、ひたすら企業体や資本家の賛美にうつつを抜かすところに、この転向した戦後批評家の掛け値のない立ち位置があった。つまるところ、吉本隆明の「超資本主義」とは「スーパー資本主義」、つまり、「スーパーマーケット資本主義」以外の何物でもない、と納得させられるわけである。「超資本主義」などと大ブロシキを広げて、その中味は〝開けてびっくり玉手箱〟の〝消費社会の礼賛〟であって、吉本隆明の目にはスーパーマーケットの企業家や資本家の姿は見えても、市民の姿はまるで見えていなかったのである。

阪神大震災と地下鉄サリン事件に共通するのは、それが巨大都市の制御不可能な脆弱性と連鎖反応的な危機や破局の危険性に、あらためて警鐘を鳴らしたということである。巨大都市は異常な人口集中の産物であり、その膨大な人口を支えるために、食料やエネルギーなどが集中し集積される場所でもある。高度に集中化した技術と組織に依存する現代社会の脆弱性については、アメリカのエネルギーシステムをモデルとしたエイモリー・ロビンスとハンター・ロビンスの『ブリトルパワー』（時事通信社、一九八七年）の詳細な分析がある。

ロビンス夫妻は集中型のエネルギーシステムに影響する主要な予見しうる脅威として、①自然現象②攻撃的な物理的行動（戦争・テロ・妨害工作）③複雑な技術・経済システムの故障④これらのシステムを制御する機器の偶発的もしくは意図的な故障の四つを挙げ、これらについての豊富な事例をもとに、たとえば数人のテロや妨害工作で国全体の停電や一つの都市の破壊が生じ得ることを明らかにしている。

それは現代社会の基本的な脆さの現われであって、エネルギーシステムだけに限られる問題ではない。一方の東京の地下鉄サリン事件は、巨大都市におけるそのようなテロや妨害行為の脅威を現実のものにしたがゆえに、全世界に計り知れないほどの大きなショックを与えた。他方の阪神大震災は、圧倒的な人口の密集という事実そのものが、巨大都市の致命的な脆弱性をなすことをあらためてわたしたちに教えた。

このことはすでにルイス・マンフォードが『都市の文化』（鹿島出版会、一九七四年）で、巨大都市（メガロポリス）から死者の都市（ネクロポリス）へと至る都市の最終段階として予言し、第二次世界大戦における名だたる世界の大都市の全面的破壊によって現実のものとなったところのものである。

## 東日本大震災と福島第一原発事故

阪神・淡路大震災から一六年目の二〇一一年三月一一日、東北地方の太平洋沿岸の広大な地域はマグニチュード九・〇の東日本大震災に襲われた。東日本大震災はプレートとプレートが折り重なる危険列島としての日本列島の姿をあらためて浮き彫りにした。のみならず、この未曾有の巨大地震を引き金とする福島第一原発事故は、その危険な地震の巣の上に林立する原発の途方もない危険性を否応のない現実として明るみに出したのである。

福島第一原発事故をめぐっては、わたしも『原子力マフィア ― 原発利権に群がる人びと ―』、『放射性廃棄物のアポリア ― フクシマ・人形峠・チェルノブイリ ―』、『原発と御用学者 ― 湯川秀樹から吉本隆明まで ―』、『フクシマ・沖縄・四日市 ― 差別と棄民の構造 ―』の四冊の単行本で、そのおぞましい現実と原発の問題性にわたしなりにアプローチした。

三・一一フクシマの大災害後、いわば撃ちてし止まぬ〝日の丸原発の特攻隊員〟として、滑稽にも「四つんばい」になって原発にしがみつき原発に万歳三唱して〝殉死〟したのが、「戦後最大の思想家」

ならぬ「戦後最悪の思想家」の吉本隆明である。わたしは『原子力マフィア』で原発翼賛知識人の代表格として哲学者の梅原猛と吉本隆明をドン・キホーテとサンチョ・パンザになぞらえ、『原発と御用学者』では三・一一以後それこそ金魚のウンコのように絶えることなく続いた原発の御用学者と御用知識人の末席に吉本隆明を加えた。

亡きグルが原発について語ったことは、その遺稿集『「反原発」異論』でおおよそたどれるが、さすがのわたしも飽きるほど行なってきた批判を繰り返すほど親切ではないし時間もないので、興味のある読者はわたしの一連の著書から論点をたどってもらうしかない。吉本隆明は骨の髄まで空想や妄想のロマン主義者であるから、逆さに振っても生きた現実や歴史に学ぶ精神は出てこないのだ。

さきに取り上げたエイモリー・ロビンズの『ブリトルパワー』は、「集中型エネルギーシステム」の脆弱性を示す「予想される惨事」の一例として、「核テロリズム」や「原子力施設に対する軍事攻撃」といった原子力発電のリスクを見ていたが、一九八六年の旧ソ連のチェルノブイリ原発事故や二〇一一年の福島第一原発事故は、それ以前に原発それ自体が巨大な核爆弾に等しく、よそから攻撃を受けなくてもいわば自爆による核爆発の危険を内抱していることを目に見えるかたちで教えた。

すでに、エイモリー・ロビンズは『ソフト・エネルギー・パス』（時事通信社、一九七九年）で、「非集中型エネルギーシステム」の「ソフト・エネルギー・パス」を「ハード・エネルギー・パス」に対置して提唱していたが、それはエネルギー供給の中心を環境破壊の少ない再生可能エネルギーに置き、しかもエネルギーの分散型管理を志向して西欧先進社会の過剰と浪費の習慣から脱する道を指し示すものであった。

それは三・一一のフクシマを経験したわたしたちにとっても切実な問いかけだったはずだが、日本の政財界が安倍政権の登場とともに原発再稼働のハード路線に舵を切って、千載一遇のチャンスを反古にし暴走を開始したのは、まことに不幸な出来事だったと言うほかない。わたしはチェルノブイリ事故後、なおも「日本の原発は安全」と強弁して開き直った日本の政財界や当局の態度とPRを指して、西洋政治思想史家のダグラス・ラミスが「太平洋戦争末期の大本営発表」と評した言葉を思い出す。

そこに先回りして大根役者の登場である。いささかひねこびてはいたとはいえ、わが言論界の小天皇の孤高のチンだった吉本隆明が、原発を放棄したら「人間が猿から分かれて発達し、今日まで行ってきた歩みを否定することと同じ」で「反原発で猿になる！」（『週刊新潮』、二〇一二年一月五・十二日新年特大号の「「吉本隆明」二時間インタビュー「反原発」で猿になる！」）と吠えて、原発の先導役を自ら買って出たのである。まことに、「捨てる神あれば拾う神あり」である。

日本の現政権や政財界の成長信仰とハード路線は相変わらずだが、東日本大震災が突き付けたのは、原発のような集中型エネルギーシステムだけでなく、巨大都市そのものの脆弱性に対する警告であった。人びとが多少とも将来の安全を願って生活していくには、都市そのものも集中による巨大化から分散型の都市計画を考えていかなければならないことを教えたのである。東日本大震災に引き続いて、南海トラフ大地震の可能性が指摘される折だけに、脱原発と並んで都市の脱巨大化と脱過密化に向けた取り組みを避けて通れない、とわたしは考える。

## 郊外スプロール化と超高層化の二つの病い

わたしは『都市論』で近代都市計画と近代建築運動を取り上げ、ルイス・マンフォードに学びつつル・コルビュジエの「輝く都市」に象徴されるテクノクラートの権力主義的な都市計画と都市開発を批判したが、現代の巨大都市は「水平的膨張」とともに「垂直的膨張」、つまり、「巨大化」と「過密化」という深刻な二つの病いに冒されている。

いわゆるスプロール化現象によって郊外へ郊外へと延び広がる巨大都市の「水平的膨張」、並びに、過密化をいやます超高層化による巨大都市の「垂直的膨張」は、ともにルイス・マンフォードが『歴史の都市　明日の都市』で「現代の二つの対蹠的な悪夢」と呼び「メガロポリス的崩壊」に行き着くと予言したところの、現代の都市爆発の癒し難い病いである。その先例はモータリゼーションによる郊外スプロール、および、摩天楼による超高層化をいち早く進めたアメリカにある。

吉本隆明にとって、げんにあるものは合理的で必然的だとするヘーゲルもどきの歴史観からして、このアメリカを先例としていまや世界的となった二重の意味での都市爆発は、人口爆発とともに今日の地球環境危機の根底にあるものとして理解されるどころか、逆に「文明の進歩」や「文明史の必然」の名で合理化され正当化されるのだ。

エコロジーは有限な地球の生態圏における生物と環境の相互関係という視点から、何事であれ規模や成長には自ずからなる限界があるという限界の認識に立脚している。こうしたエコロジーの教えとしての限界の認識を欠き、しかも自然であれ歴史であれ何事も「自然力」「必然力」「自然必然力」「自然史的必然性」によって無限に進歩し発達するもので、この進歩や発達は止められない、との歯止めなき進歩史観にとりつかれた形而上学と史的観念論の信奉者が吉本隆明なのである。

まず、郊外スプロール化を意味する巨大都市の水平的膨張をめぐって、吉本隆明は『像としての都市』でこう言っている。「もしかすると東京は周辺の都市を呑み込んで裾野を広げ、中部地方まで侵蝕して、富士山麓まで到達するかもしれません。近隣にある田園地帯をどんどん侵蝕していくと、大都市周辺では田圃や畑はなくなっていくでしょう。ぼくにはこの大都市膨張の勢いが止められるとはおもえません」（「ぼくの見た東京」）。

むろん、この吉本隆明の素朴な観察は現象だけ見ればうなずけなくもない。いったん動き出した社会の趨勢や定着した制度がなかなか止められないことは周知の通りだからだ。「自民党の政府を社会党や共産党の政府にかえたら止まる」、などといった馬鹿げたことは誰も考えないだろう。しかし、だからといって、吉本隆明のようにそれを「文明史の必然」という〝錦の御旗〟の〝形而上学的観念〟で達観し、すべて流れに身をまかせて現状の追認に次ぐ現状の追認に終始するのは、およそ思考停止した御用批評家の証左である。

つぎに、超高層化を意味する巨大都市の垂直的膨張をめぐって、吉本隆明は『ハイ・イメージ論』でこう書いている。「近似的にいえば、東京の築地、銀座、有楽町の街区の上方から俯瞰する都市像は、近未来として、ニューヨークのマンハッタン地区の俯瞰する都市像になぞらえられるといっていい」（「映像都市論」）。

東京が「すでに数十の超高層ビルをもっている」とうれしげに語る吉本隆明は、まさに〝追い着き追い越せ〟の後進知識人の典型であって、高度成長の神話たる「大きいものはいいことだ！」「高いことはいいことだ！」の幼児的な信奉者である。ここから、糸井重里の歌詞に乗って「ＴＯＫＩＯは空をとぶ」とか、ボードリヤールに悪乗りして「東京はすでに日本という地球の衛星なのだ」といった歯の浮くような言葉が飛び出す。

それはバブル期の超高層のファッション・ビルにすっかり浮かれてしまった戦後批評家のバ・ブ・ル・の・

泡踊りと称すべきもので、バブルがはじけるやこのピエロ自身がすっかり宙に浮き、一転してかの地下鉄サリン事件を引き起こした〝空中浮揚〟の麻原彰晃を「世界有数」の「宗教家、思想家」と絶賛して、浮揚するどころか転落して笑い者になるのだから世話はない。

空中浮揚の麻原彰晃を
称賛する「知の巨人」

　吉本隆明は戦後のアヴァンギャルドやモダニズムの芸術論をクソミソにこきおろしたが、いまや一世紀前のアメリカのモダニズムの象徴たる摩天楼に東京の未来を託すことによって、二周や三周どころか一世紀遅れでヨーロッパのモダニズムに先行するアメリカのモダニズムを崇めつつ、批評のブーメランを自ら演じたわけだ。

　フランスの近代都市計画家で近代建築運動の推進者だった「輝く都市」のル・コルビュジエは、その官僚主義的な発想と単調な機会主義的美学から、他の多くのモダニストと同様アメリカの摩天楼を信奉し、マンハッタンを未来のメトロポリスとして崇めた。しかし、一九三五年にアメリカを訪れて自分の都市計画の技術の宣伝に失敗するや、一転してムッソリーニやナチス傀儡のヴィシー政権に売り込む始末であった。そこに、ル・コルビュジエの政治的日和見主義のみならず、なりふり構わぬ権力者への追従があったことも、わたしの『都市論』で批判済みである。

　吉本隆明の政治的日和見主義と権力者への迎合は、そのル・コルビュジエの二番煎じ三番煎じの出来損ないにほかならず、バブル期にクジャクのようにハイ・イメージの羽根を広げて、中曾根康弘の都市再開発の第二バイオリン第三バイオリンを弾いたが、小沢一郎や小泉純一郎から堤清二や中内功への追従まで、そのブランド志向や権力者志向もル・コルビュジエの縮小再生産である。

その吉本隆明は『わが転向』で相も変わらず、まるで極楽トンボのように「消費と生産の規模を全体として大きくする」あの古臭いパイの拡大論を唱え、都市の拡大についても「拡大はこれを押し止めるのではなく、さらに加速することでしか僕らが生き延びる方途ない」（「都市から文明の未来をさぐる」）というのだから、その成長信仰と巨大崇拝は病膏肓で実際歯止めというものを欠いている。

たとえば、吉本隆明が『ハイ・イメージ論』で、「いわば文明史の必然的な分散の方向性にたいし、エコロジストたちのような反動的な場所からではなく、高次な場所から抗おうとしている」（「分散論」）、と黒川紀章らの首都改造論を持ち上げたのもその一例である。しかし、それは東京の都心部に二重の環状運河を開いて、緑地帯と超高層ビル群をつくるだけでなく、東京湾にも人工の新島を造成して、五〇〇万人も収容するマンションを建設するという、東京一極集中と過飽和状態に悪循環の屋上屋を重ねる構想だった。

すなわち、それはわたしが『都市論』で批判済みの「公園の中の都市」というル・コルビュジエの「輝く都市」の相も変わらぬ二番煎じ三番煎じの出来損ないで、しかも五〇〇万人収容のマンションとなると、官僚主義的思考と機械主義的美学を特徴とするル・コルビュジエの三〇〇万人のための現代都市も顔負けの机上の空論にほかならなかった。

こうして、吉本隆明はバブル期の副産物だった体制派の建築家の馬鹿げた首都改造論の片棒を担ぎ、分散に逆行して東京の過飽和を上塗りする屋上屋の構想を支持したが、その分散は要するに像つまりイメージの分散であって、「大都市の像化《イメージ》の分散が遷都を意味している」、と語るに落ちた阿保らしい話で終わる。「大都市の像化《イメージ》」の「分散」が意味するのは、都市化と情報化の進展によって大都市の生活様式とその象徴様式がだんだん周辺や地方に波及していくということにすぎず、「遷都」とはまったく無関係の事柄である。

　首都の移転や首都機能の分散の論議が高まってきたのは、過飽和状態の東京一極集中の是正が生態学的にも文化的にも避けて通れない課題となってきたためであった。のみならず、二〇一一年三月の三・一一東日本大震災を経験したわたしたちにとって、巨大地震という自然災害の深刻な脅威からも、東京一極集中の是正と人口の分散が求められるに至ったことは、あらためて断わるまでもない。

　しかも、それはたんに首都機能や人口の分散にとどまらず、明治以来の超中央集権的な官僚国家体制を抜本的に改革して、地方主権と市民自治への思い切った政治的転換を推進することと不可分の課題なのである。しかるに、およそ歴史的思考や政治的思考を欠いた吉本隆明に、エコロジーの要請とも表裏一体の関係にある地方主権や市民自治の課題がまるきり理解できなかったのは当然で、せいぜい都市化と情報化の進展を象徴するにすぎないイメージの分散に焦点をずらして議論を空転させてしまったのである。

## エコロジーを罵倒する暗黒の戦後批評家

　今日の巨大都市は緑地という緑地を破壊し尽し、いわばアスファルトの砂漠のような感を呈しているので、せめて自然の真似事で人工的な緑地や庭園のミニチュアをカンフル注射として少しでも配するしかない、と言えば済むことを持って回って、「自然よりももっと自然な人工的な自然」（「人工都市論」）などとモッタイをつけて美化するのだから、吉本隆明の衒学僻の悪趣味には正直辟易させられる。

　現代思想のカナエの軽重を問われる「エコロジー」という主題に対して、吉本隆明は「エコロジー」

の「エ」の字も「環境問題」の「カ」の字も分からないだけでなく、冷戦時代の思考と新左翼の内ゲバの悪習を引き摺ったパブロフの犬である。なぜなら、パブロフの犬の条件反射のように、「エコロジー」というとすぐさま「農本主義」だとか「暗黒主義」「原始主義」といった唾液のヨダレを垂らすのが、吉本隆明という駄犬のいつもの習性であった。この「農本主義」や「暗黒主義」「原始主義」の唾液に、「スターリニズム」や「ファシズム」の薬味が配合されることもしばしばだ。

まず、「エコロジー」を「暗黒主義」「原始主義」と叫んだパブロフの犬の条件反射を取り上げよう。その『「反核」異論』のなかで、吉本隆明は原発を批判して処理のしようのない放射性廃棄物の問題を指摘するエコロジストに反論して書いている。「「放射性物質のような非更新性のエネルギーは、それ以上の再処理の仕様がないのだ」という「核廃棄物終末論」に堕ちこみ、その反動として「のこされた道は、更新性のエネルギーに依存して（つまり石油・石炭・薪・木炭生活ということか?）生態系の物質循環のなかで定常的な生活」を夢みる暗黒主義者、原始主義者に転落してしまうのだ」と。

まず、おかしいのは「石油・石炭」のような非更新性の化石資源を「更新性のエネルギー」としている点だが、このことはわたしが三〇年近くも前の『反核・反原発・エコロジー』で批判したように、いったい、いかにして、吉本隆明は太古の植物や動物の化石資源たる「石油・石炭」を「更新」できるのか。中世の錬金術ではあるまいし、こういう初歩的な事実もわきまえず、「エコロジー」うんぬん以前の無知ぶりをさらけ出して、「エコロジー」批判とはおこがましい話である。

基本的な教養なき吉本隆明のことゆえ、ローマ・クラブの「人類の危機」レポート（D・H・メドウズ他『成長の限界』、ダイヤモンド社、一九七二年）やイギリスのエコロジスト誌の「生き残りのための青写真」（『人類にあすはあるか』、時事通信社、一九七二年）などの報告をはじめ、その後のおびただしいエコロジストの著作を読んだことがないのは致し方ないとはいえ、自分が知らないことを知ったかぶりに罵倒する悪弊はいい加減にしたらどうか。。

そもそも、前近代や前近代の伝統的生活様式を「暗黒主義」「原始主義」の色眼鏡でしか見られない、吉本隆明のあまりに近代主義的な歴史認識が根本から疑われる。そんなことを言えば、戦中派の吉本自身が奇跡的に生き延びた戦前・戦中の日本人の生活そのものが、文字通り「暗黒主義」「原始主義」のミイラの見本ではないか。エコロジーうんぬん以前の話である。

吉本隆明はかつての「反核」批判からバブル期の「ハイ・イメージ論」まで、「エコロジー」を目の上のタンコブといわんばかりに、それに「農本主義」のレッテルを張るか、さもなくば、その主張を「緑を守れ」とか「自然保護」といった気の抜けた単純な命題に還元して、その矮小化にこれつとめ、最終的に「暗黒主義」「原始主義」のレッテルで〝悪魔祓い〟したつもりであった。

その『ハイ・イメージ論』で吉本隆明はハッタリをかました。「全社会のこととしてはたかだか第n番目の意味をもつだけで、これをいちばんの命題のように言いふらすことは、錯誤にしかすぎない。こういうことが見ぬけるかどうかは、現在の思想にとって剣ヶ峰の課題のひとつだといえる」（「分散論」）と。しかし、思想の剣ヶ峰からころげ落ちたのは、ほかならぬ吉本自身ではないか。

しかも、冷戦が崩壊したというのに、その「エコロジー」についての無知と罵倒の言説は、古ぼけた冷戦思考や内ゲバの図式を丸出しにした〝馬鹿の一つ覚え〟という様相を呈する。なにしろ、この冷戦思考にとらわれた戦後批評家にとって、「エコロジー」とは「退化したスターリニズム」であって、「この理念を社会運動にしてしまえば、現在の左翼や市民運動がおちいっているように、無意味な反動に転化してしまう。ソフトな口調をとりながら、かれらが社会国家主義（スターリニズム）から国家社会主義（ファッシズム）に転化するのは時間の問題のように見える」（「分散論」）のだそうだ。

どこかで聞き覚えのあるこういう冷戦時代のなつかしいメロディを耳にして、マルクスがどこかで書いていた「よくぞ掘った、老いたるモグラよ！」、といった感想を抱くのはわたしだけであろうか。なぜなら、このレトリックは冷戦時代の一九五〇年代から六〇年代に流行したところの、かつての日本共産党の〝トロツキスト狩り〟の文句の裏返しにほかならないからである。一九六〇年代初頭から東京に出たわたしは、「トロツキストを泳がせる政府自民党」といった日本共産党のポスターを都内の電柱などでよく目にしたものである。その昔の日本共産党の〝トロツキスト狩り〟は〝スターリニスト狩り〟に姿を変えて、吉本隆明の撲滅の対象となるわけで、変われば変わるほどいよいよ同じだ。「犬も歩けばスターリニスト！」の諺ではないが、エコロジーであれ市民運動であれ、要するに自分の気に食わぬ者なら誰に対しても、左翼の幻想の残光たる〝吉本御老公〟の〝印籠〟を持ち出して、「スターリニスト」とか「スターリン・ソフト」といった政治的隠語のレッテルを張り付けさえすれば、つねに相手を押しのけて自分が左翼の先頭に立っていると錯覚できるのだから、吉本真理教の教祖と信者の共同体のトリックが透けて見えると言わざるを得ない。

米ソの対立を背景とした冷戦時代の戦後思想は、アメリカニズムの経済成長信仰とマルクス主義の生産力信仰をその経済版とするが、いずれもエコロジーの論理たる限界の認識を欠いていた。人口と資源のバランスを基軸に据えた生態学的視点を抜きには、農業革命も産業革命も含めて過去の文明の存立根拠や文明史の転換の理由を理解できない。グローバルな相互依存を深めている現代の政治経済の変容もまた、この人口と資源のバランスの生態学的視点から根本的に説明されるのだ。

吉本隆明は「エコロジー」にすぐさま「農本主義」なる非難を投げ返したものだが、農業が生態学的な自然循環のうえに成り立っていることは言うまでもないとはいえ、生態学的な意味でのエコロジーは農業の基礎をなすと同時に、実は都市の存立と思想にとっても不可欠のものである。

わたしが『都市論』でも簡単に紹介しておいたように、プラトンやアリストテレスからレオナルド・ダ・ヴィンチを経てルイス・マンフォードに至るまで、都市について考えてきた者はつねに都市の規模を問題にしてきた。というのも、都市の存立はもとからして人口や環境についての生態学的な条件に限界づけられるが、それと同時に限界の認識は社会学的な観点からも求められるからである。

関曠野も「環境問題からユートピアの模索へ ― 人口と都市の視点から ―」（東京文庫編『環境論を批判する』、朝日新聞社、一九九五年）で、人口の抑制や環境の保全という生態学的な意味でも、あるいはまた、公共財に依存する都市生活の特徴からしても、都市は古代以来つねに「限界設定の原理」に立脚していたと指摘している。

それゆえ、「環境問題」とは「都市問題」であって、「エコロジー」を「都市の思想」としてとらえ直す関曠野にとって、「エコロジー」とは「まともな都市の思想と都市計画を欠いたまま推進されてきた工業化と都市化に対する抗議」をも意味した。このような見解が「エコロジー」イコール「農本主義」とする吉本隆明の馬鹿げた図式の対極に位置することは、あらためて断わるまでもなかろう。

# 第六章　未来都市とアフリカ的段階の珍妙な結合

## ―「アフリカ的段階」と「南島論」の錯誤

### 言葉遊びの人工都市の未来

中沢新一は編著『吉本隆明の経済学』の第二部「経済の詩的構造」のなかで、吉本隆明が「資本主義の未来像」に関連して構想した「未来の人工都市」は、一つには第一次産業、第二次産業、第三次産業、第四次産業の「割合」と天然自然の「割合」を理想的に組み合わせて設計した「ハイブリッド型都市」だと言う。

その「ハイブリッド型都市」とは、要するにビルのなかに日本庭園や茶室やプールをつくったり、ビルの屋上に教会やゴルフの練習場をつくったりする、といったおままごとのような箱庭式の景観を意味するにすぎず、むろん大都会の限られた空間のなかで目の保養にはなるが、それでもって「天然自然」を「包括」するということにはならない。

それ以上に奇妙奇天烈なのは吉本隆明の「未来の人工都市」で、それは「アフリカ的段階」の世界に「ハイパー科学技術」を結合した「ハイパー都市」なのだそうだ。中沢新一に言わせると、この「アフリカ的段階＋ハイパー科学技術」が生み出す世界は、「国家というものの先にある未知の世界」であって、レーニンの失敗を超えるものだというのだから、ホラはホラを呼び大ブロシキの大ボラにまで膨れ上がる。

すなわち、中沢新一のいわく。「(レーニンの失敗を深く考え抜いた）吉本隆明は、ロシアの革命がアジア的段階という土台の上におこなわれたがゆえに、革命のなかから近代科学技術と結合した恐るべきアジア的専制国家を生み出さざるをえなかった必然をあきらかにした」。犬も歩けば「アジア的段階」「東洋的専制」の中沢版である。

中沢新一は続ける。「未来の革命は吉本隆明が考えていたように、超資本主義の先か、アフリカ的段階の先にしかあらわれない。超資本主義にとっても、アフリカ的段階にとっても、鍵を握るのは人間の脳＝心の本質をなす詩的構造にほかならない。吉本隆明の思考は、この不動の地点において、身揺るぎすることなく続行されたのである」。

吉本隆明のアルファにしてオメガが「アジア的段階」と「スターリニズム」だとすれば、中沢新一のアルファにしてオメガは「脳＝心」の「詩的構造」というわけだ。しかも、吉本隆明の「ハイブリッド型都市」や「ハイパー都市」では、例によって例のごとき中沢新一の「経済の詩的構造」や「贈与価値論」がよみがえるというのだから、まことに有難き幸せの新ノストラダムスならぬナカザワダマシのトンデモ新予言である。

この吉本＝中沢のおとぎの国では、子供の積木細工遊びさながら、何でも自由に積木を寄せ集めてくっつければ、オモチャの「詩的構造」遊びや「贈与価値」遊びができるので、楽しくてしようがない、とでも言いたげだ。しかも、すべては現実の歴史や政治や経済や社会に関係なく、あくまでアタマの体操か空想にすぎないからには、「ハイブリッド型都市」だろうが「アフリカ的段階＋ハイパー科学技術」の「ハイパー都市」だろうが、浮かんでは消える〝空中の楼閣〟か〝蜃気楼〟のようなものである。本来、批評（クリティーク）は危機（クライシス）に根ざすが、危機意識なき批評のお遊びの見本である。

　いったい、日本の批評家や思想家はいつから、こうした危機意識を欠き、幼児的な退行とも言うべき批評のお遊びにかまけて、ノホホンとするようになったのであろうか。よく考えてみれば、吉本隆明のような戦中派の軍国青年を戦後思想家と取り違え、しかも六〇年安保・全共闘運動のなかから珍種の新左翼のヒーローのように祭り上げただけでなく、その後の体制内知識人への本卦がえりの新右翼的回帰を新左翼的メンタリティから信奉し続けるという、戦後の奇妙な産物の遺制だったのである。かくして、右翼にして左翼、新左翼にして新右翼、というヌエのごとき珍奇な両棲類の吉本真理教が形成されたわけである。

## 「アジア的」または「東洋的専制」

　吉本隆明は『アフリカ的段階について』（春秋社、一九九八年）で、「アフリカ的段階」を「人類史の母型（母胎）概念」として提議している。人類のルーツがアフリカにあり、ここから地球の各地に伝播していったことは、今日の形質人類学や分子人類学であまねく認められている。しかし、吉本隆明の「アフリカ的段階」は現代の知の先端を行く形質人類学や分子人類学の基本的なデータを踏まえた考察ではなく、ヘーゲルの「世界史」の「史観の拡張」と称して押し出した造語だから、まことに古くさい時代遅れの観念の産物と言わざるを得ないのだ。

　すなわち、吉本隆明はヘーゲルのアフリカに対する認識を箇条書きに列挙し、それが「いまでは流通できないものだ」としたうえで、そこから「プレ・アジア的段階」として「アフリカ的段階」なるものをひねり出す。まず、「アフリカ的段階」と「アジア的段階」とは、「王権」としては「絶対専制」

と「相対専制」の違いであり、この「絶対王権」の経済的な基礎は原始的な「贈与制」に接する。

つぎに、「アフリカ的段階」では「宗教」はまだ「自然に対する呪術的な働きかけ」であるとともに、自然物を神とみなすほど深い自然との交換や交霊に当たっている。このため、自然物はすべて「擬人としての神」であり、みな人語とおなじ言葉を発し、人（ヒト）の言葉に感応する。それも自然物を「習俗」として「宗教的な尊崇の対象」とする「アジア的段階」との違いをなす。

吉本隆明は「アフリカ的段階」を「アジア的段階」に先行する「プレ・アジア的段階」と位置づけているが、わたしはこの足なき幽霊のごとき観念の構築物全体を徹底的に脱構築または解体構築して、考察の労に報いるオツリくらい出さないことには、まったく引き合わない時間の浪費とみなさざるを得ない。それゆえ、吉本隆明の命題をめぐって、それを〝思想廃棄物〟として一掃したうえで、その命題に〝プラス・アルファ〟を付け加えなければ、元が取れないわけだ。

まず、吉本隆明の「アジア的段階」はマルクスの「アジア的生産様式」から取ってきた概念である。マルクスは「アジア的生産様式」を「経済社会構成体」の相次ぐ諸画期の一つとして特出したのであって、それは「外在的な文明史」の影に隠された「精神の内在的世界」、あるいはまた、「内在の精神世界としての人類の母型」つまり「人（ヒト）の精神の母型」をめぐる、吉本隆明の心理学的な一解釈などとは、まったく質を異にするものである。

周知のように、マルクスは『経済学批判』（『マルクス＝エンゲルス全集』第一三巻、大月書店、一九六四年）の「序言」で書いている。「大づかみにいって、アジア的、古代的、封建的および近代ブルジョア的生産様式が経済的社会構成のあいつぐ諸時期として表示されうる」と。この「アジア的生産様式」が何を意味するか論争が起きたが、マルクスの遺稿『資本主義的生産に先行する諸形態』が公刊され、アジア的生産様式は工業と農業の結合した自給自足的な小共同体を総括的統一体の東洋的専制国家が支配するもので、個人は総括的統一体の共同体的所有の土地を小共同体を介して割り当てられて家族とともに生活する形態と把握された。

しかし、Ｅ・Ｊ・ホブズホームが『共同体の経済構造』（未来社、一九六九年）で指摘したように、「史的唯物論の一般的理論では生産様式の継起がなければならないと要求しているだけで、特定の生産様式を、また恐らくはそれが特定の予定の順序で継起することを必ずしも要求するものではない」「マルクスは歴史的発展をけっして単純に単線的なものとは見ていなかったし、また単純に進歩の記録にすぎないものとも考えていなかった」「（『経済学批判』緒言では：継起的な歴史的段階として提示されているようにみえるが）『諸形態』のどこにも、またほかの個所においても古代的生産様式がアジア的様式から発展して来たなどという示唆はないからである」。

しかるに、吉本隆明は『世界認識の方法』で自ら表明したように、「つまり総合的な世界把握――ヘーゲルのように、空間的にいえば世界のどこの場所にも適応出来て、歴史的な段階でいえば世界史のどの時代にも、もし段階の関連さえつければ適用出来るような一つの歴史理念――は可能なんではないか」という深層の動機に根ざして、アジアから西欧に向かって上向するヘーゲルの「世界史」の単線的継起的発展段階説を根底に持つことは疑いない。

わたしはもう三〇年近くも前に、『反核・反原発・エコロジー』の終章「吉本隆明の政治思想批判」で、こうしたアンチョコの歴史理念による世界認識を「馬鹿げた観念の遊び」と批判しておいた。さすがに、吉本隆明も自らの世界認識を恥ずかしいと考え直したのかどうか知らないが、『アフリカ的段階について』では「現在のわたしたちにとっては、歴史という概念は、ヘーゲルのような世界史の哲学としても成り立たないし、モルガンのような文明の進歩を目安に分類できる原理としても存在しえない」とひそかに修正を加えている。とはいえ、ヘーゲルの「世界史」のプレ的な段階の「史観の拡張」として「アフリカ的段階」を位置づけていることからしても、わたしは「ヘーゲルもどきの歴史観」の範疇に含まざるを得ないのだ。

そもそも、吉本隆明が「アフリカ的段階」の後続の段階とする「アジア的段階」からして、その概念を歴史的かつ理論的に疑ってかかる必要がある。いわゆる「アジア的」とか「東洋的専制」の概念は、もはや効力を失ったヘーゲル流の西洋中心史観の歴史哲学に、マルクスの「アジア的生産様式」を接ぎ木したシロモノにほかならない。より正確に言うと、吉本隆明が連発する「アジア的」や「東洋的専制」の概念は、なるほどマルクスに由来する用語とはいえ、その中味の検討などそっちのけの独り歩きで、口を開けば「アジア的」とか「東洋的専制」の連呼を繰り返してきたわけだ。

ひるがえって、カール・Ａ・ウィットフォーゲルは『東洋的専制』（アジア経済研究所、一九六一年）で、長年の「東洋的社会」や「アジア的社会」の研究の結果、それが政府によって管理される大規模な灌漑水利施設をもつ「水力社会」ないしは「農耕管理社会」であるとして、いわゆる「東洋的専制」とはこうした「水力的」な「農耕官僚制的」な専制を意味し、「アジア的生産様式の諸条件のもとでは農耕管理者的官僚が支配階級を構成した」と再解釈した。

しかし、世界の四大文明のエジプトやメソポタミアやインドや中国など、ウィットフォーゲルのいわゆる「水力社会」ないしは「農耕管理社会」の「東洋的専制」をかりに認めるとしても、その単純な拡大解釈で日本の社会を政府による大規模な灌漑水利施設を必要とする「水力社会」の「東洋的専制」とするのは、明らかに無理なこじつけでしかなかった。

それはウィットフォーゲル自身が書いている通りだ。「この国（日本――引用者）の特殊な水利条件は、大規模な政府指揮下の工事を必要としなかったし、それに好都合でもなかった。無数の山脈がこの偉大な極東の島国を区画していた。そしてこの分断された土地の起伏が、統括的（水力的）でなく分散的（水利農業的）な灌漑農業および洪水防止のパターンを促進したのであった」「日本の灌漑農業は地帯的ないしは全国的指導者でなく地方的指導者によって管理された。そして水力的傾向は地方的規模においてだけ、しかもこの国の記録された歴史の最初の局面においてだけ、顕著にみられた」と。

そのウィットフォーゲルも西暦六四六年の大化の改新に、日本における集権的な官僚制的専制を樹立する試みを見る。しかし、この大化の改新は公共事業の遂行をうたっていたが、六四五年に掘られたある水路を人びとが〝狂気の沙汰〟と受け取ったように、それはまったく役に立たなかった。こうして、日本の「準東洋的な傾向は日本の社会を形づけること」はできず、せいぜい「亜限界的な仕方で水力世界の制度的パターン」につながっていたにすぎなかった。ウィットフォーゲルにとって、日本の中世の「非集権的な、そして財産を基礎とする社会」は、むしろ「近い中国の水力的パターンよりむしろ遠いヨーロッパの封建的秩序にいっそう近似していた」のだ。

吉本隆明は「東洋的専制」の概念の検討などそっちのけで、日本の民家の「住居」まで「律令制このかた〈東洋的専制〉の禁圧下にありつづけた」（『像としての都市』の「都市はなぜ都市であるか」）とか、西武資本の土地が天皇家の土地の二倍になったので「東洋的なデスポティズムとしての天皇制は終わった」（『いま吉本隆明二

西武の土地が天皇家の
二倍と喜ぶ吉本隆明

五時』の「都市論Ⅰ」）などと、およそお門違のトンチンカンなことを言い散らかしてきた。このように、吉本隆明が「アフリカ的段階」に続く「アジア的段階」の「東洋的専制」下にあるとした日本の歴史と社会の理解からして、かれ一流の独断と偏見の産物以外の何物でもなかったのだ。

## 「アフリカ的段階」の虚像と実像

もし、吉本隆明が人類発祥のルーツという形質人類学や分子人類学の見地から、いわゆる「出アフリカ」以前の人類の揺籃の時代を「アフリカ的段階」と位置づけたのなら、わたしもまたもろ手を上げて賛成したであろう。なぜなら、アフリカが人類の発祥地であることは今日の古人類学や分子人類学の定説だからである。ただ、「人類史」が「アフリカ」に発祥するとしても、「人類」の「出アフリカ」後のギリシア世界やヘブライ世界の登場を待たねば、いわゆる「世界史」というよりも「歴史」なる概念を語り得ないことも踏まえておくべきである。

繰り返すが、吉本隆明の「アフリカ的段階」はこうした形質人類学や分子人類学の成果や歴史学の常識を踏まえたものではなく、「内在の精神世界としての人類の母型」なる「人（ヒト）の精神の母型」をめぐる心理学的な一考察のエッセイにすぎない。わたしはそうした試みがまったく無意味だとは言わないものの、自分だけに通用する観念的産物をあたかも「人類史」や「世界史」の一段階であるかのごとく錯覚してしまい、お得意の大ブロシキを広げてその手製のニセ札のごとき造語や概念をやたら振り回し、何でもかでもその鋳型に当てはめ込もうとするからおかしくなる。

たとえば、「アフリカ的段階」に「ハイパー科学技術」をくっつければ「超資本主義」の「未来の人工都市」ができるとか、「南島論」の基層を「アフリカ的段階」まで掘り下げれば、那覇市が「世界都市」になることと相まって、「天皇制国家」を「無化」できるなどといった、馬鹿ばかしい駄法螺がその明白な証拠である。むろん、吉本隆明に人類学や歴史学の基本的な教養が欠けているのは致し方ないとして、それならば少しは謙虚になって化けの皮のごとき手製のニセ札の乱発や押し売りはやめるべきではなかったか。

ここで、「アフリカ的段階」についての吉本隆明の馬鹿げた虚像を離れて、最新の形質人類学と分子人類学の成果に拠りながら、人類が誕生した「アフリカ」と「出アフリカ」の実像に迫ってみるとしよう。否定するものは否定されるものによって規定される。その否定される対象がつまらないものであれば、それだけ〝労多くして益少なし〟の〝骨折り損のくたびれ儲け〟ということになる。そこで、否定するという行為の労力の元を取って、多少なりともオツリを出すべく、否定される命題にプラス・アルファの興味深い話題を提供することをもって、わたしのサービス精神の証しとしてもらえればと願う。

周知のように、チャールズ・ダーウィンは一八七一年の『人類の由来』（池田次郎／伊谷純一郎訳『世界の名著』三九『人類の起源』、中央公論社、一九六七年の第一部「人間の由来または起源」第六章「人類の類縁と系統」）で、「現生の哺乳動物は、同じ地域にかつていた絶滅種と非常に密接な関係を持っている。だから、アフリカにはゴリラやチンパンジーときわめて近縁の絶滅種が、かつてすんでいたと考えられる」「この両種は、現生のものとしては人間に最も近縁であるから、人間の先祖が、地球上の他のどの地域よりも、アフリカ大陸にすんでいた可能性がいくぶんかは高い」として、アフリカを人類の揺籃の地とする説を最初に提唱した。

ダーウィンの熱烈な支持者だったエルンスト・ヘッケルもそれに先立つ一八六八年の『自然創造

史』（石井友幸訳『自然創造史』第一巻、晴南社、一九四六年の第五章「カント及びラマルクに依る進化説」）のなかで、ダーウィンとゲーテに次ぐ進化説の推進者としてジャン・ラマルクを挙げ、「彼は、最下等の初源的人間が類人猿から、後者が直立して歩く習慣になったことによって生じたものであることを假定した。體を上げること、即ち直立に保とうとする努力が四肢の變形を、前肢と後肢との分化或は分離の強化をもたらしたのであるが、この變化は人間と猿との最も本質的な區別の一つとして正當的に考へられる。…直立歩行に次いで周圍のものを自由に見る様になり、その結果精神の発達に大きな進歩がもたらされた」、と「ヒト」の祖先を類人猿から進化した「猿人」とする系統樹を示した。

いずれも、一世紀以上ものちの化石による形質人類学と分子人類学のデータによって支持されるようになったところの、まことに先見的な予言だったのだ。ここで、「アフリカ的段階」についての吉本隆明の馬鹿げた虚像から離れ、最新の形質人類学と分子人類学の成果に拠りながら人類が誕生した「アフリカ」と「出アフリカ」の実像に迫るのも、時間を無駄にせず考察の元を取ってオツリを出すためのわたしの知恵である。

フランスの古人類学者イブ・コバンの「イーストサイド物語　人類の起源を求めて」（『日経サイエンス』一九九四年七月号）や『ルーシーの膝』（紀伊国屋書店、二〇〇二年）を読むと、いまから八〇〇万年前ごろにアフリカ大陸の東部で激しい地殻変動が起き、一方で沈降による大地溝帯が、他方では隆起により西壁をなす山脈が形成されたさまが分かる。それは大気循環と植生にも影響して、西側では大西洋からの湿気をたっぷり含んだ風で雨量と森林を保ち、共通祖先の集団のうちチンパンジー科は樹上生活に適応したが、東側は乾燥化して森林が草原のサバンナへと変化し、このサバンナに適応する直立二足歩行の人類が誕生する。これが往年の有名なミュージカルの題名をもじった「イーストサイド・ストーリー」なる仮説のシナリオである。

古人類学者の諏訪元らの『シリーズ進化学』五『ヒトの進化』（岩波書店、二〇〇六年）や近年の発掘の情報からたどると、七〇〇万年―六〇〇万年前のトゥーマイ猿人（サヘラントロプス・チャデンシス）の頭蓋骨や下顎などの化石が大地溝帯の西側の中央アフリカのチャドで発見され、人類の祖先がアフリカの東海岸に限定されず、アフリカの広範囲で同時期に発生した可能性があるばかりか、すでに森の中で直立歩行が開始されていたとの考えも出されて、「イーストサイド・ストーリー」には反論や異論もある。

トゥーマイ猿人に次いで古い猿人の化石は、アフリカのケニアで発見された六〇〇万年―五七〇万年前のオロリン猿人（オロリン・トゥゲネシス）、エチオピアで発見の五七〇万年―五六〇万年前のカダバ猿人（アルディピテクス・カダバ）、および、やはりエチオピアで発見の四五〇万年―四三〇万年前のラミダス猿人（アルディピテクス・ラミダス）である。

オロリン猿人もカダバ猿人もラミダス猿人も古生態学的分析で、サルなどの典型的な森林性の動物と一緒に住んでいたことが分かっている。もっとも、古生物学や古人類学の世界は日新月歩のうえ、たとえばトゥーマイ猿人はゴリラの、またオロリン猿人やカダバ猿人やラミ

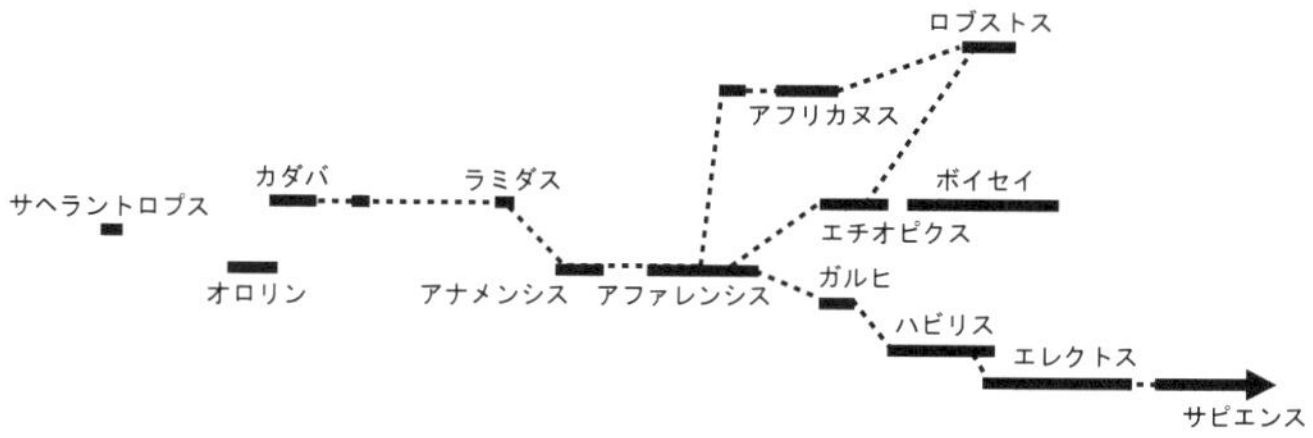


初期の猿人からホモ属までの系統図
出典：諏訪元他『シリーズ進化学』5『ヒトの進化』（岩波書店、2006 年）

ダス猿人などはチンパンジーの化石であって、要するに類人猿の祖先だとする異論もないではない。ラミダス猿人より時代がやや下るアフリカの猿人がアウストラロピテクスである。アウストラロピテクスとは「南のサル」の意味で、南アフリカのタウングで化石を発見したオーストラリア出身の解剖学者のレイモンド・ダートが一九二五年の『ネイチャー』誌で、そう命名したのが最初である。

アフリカを起源とするアウストラロピテクスの化石は、ケニアで発見の四二〇万年―三九〇万年前のアナム猿人（アウストラロピテクス・アナメンシス）、タンザニア、エチオピア、ケニア、チャドで発見の三七〇万年―三〇〇万年前のアファール猿人（アウストラロピテクス・アファレンシス）、南アフリカで発見の二八〇万年―二三〇万年前のアフリカヌス猿人（アウストラロピテクス・アフリカヌス）、とつぎつぎ発見されていく。

これに続いて、エチオピアで発見の二五〇万年前のガルヒ猿人（アウストラロピテクス・ガルヒ）、やはりエチオピアから出土の二七〇万年―二三〇万年前のエチオピテクス猿人（アウストラロピテクス・エチオピテクス）、タンザニアほか東アフリカ各地から出土の二〇〇万年―一四〇万年前のボイセイ猿人（アウストラロピテクス・ボイセイ）、南アフリカから出土のロブストス猿人（アウストラロピテクス・ロブストス）が登場する。

アウストラロピテクスと呼ばれる猿人が直立歩行していたのは間違いないが、その体型は現代人に比べて、下肢が相対的に短く、前腕と指が相対的に長く、木登りなど樹上空間での運動能力が現代人よりすぐれていたことを示すものの、現生の類人猿に比べると樹上適応の形態特徴がはるかに劣るようだ。ここから、生存上重要だったのは、樹上生活ではなく、地上における直立歩行とそこから派生する諸活動だったとの見方も出てくる。アウストラロピテクスの体は現代人ほど大きくなく、とくに雌は小柄で身長一メートル－一メートル二〇センチ、体重二五キロ－三五キログラムくらいと推定されている。アウストラロピテクスが道具を使用したとの証拠もない。

ダーウィンは人類のアフリカ起源を示唆するとともに、他の動物と異なる人類の大きな特徴として、①二足歩行②道具をつくる技術③大きな脳をいわばワンセットで連鎖的な進化の産物ととらえた。この考えは一世紀あまり人類学の世界を支配してきたが、ケニア生まれのイギリス系古人類学者のリチャード・リーキーも認めたように、近年の分子人類学の成果がこれを支持しないばかりか、この三つの出来事を同時に証拠づける考古学的なデータもないのだ。

いま、駆け足で見てきたように、最初の猿人は七〇〇万年－五〇〇万年前に出現したと推定される。二足歩行については、アフリカ東部の大地溝帯の出現と気候と環境の激変を乗り切るため、森林の樹上生活の類人猿が乾燥化したサバンナに適応すべく直立二足歩行の人類が登場した、というイブ・コバンの仮説があるが、森林に生息していた猿人も直立二足歩行していたとする研究者もいて意見が分かれている。

最古の石器の発見はタンザニアのオルドヴァイ渓谷の二五〇万年前の地層からで、ルイス・リーキーがその石器使用者を「ホモ・ハビリス」（器用なヒト）と名づけて、熱狂的な論議を巻き起こした。道具の製作と脳の大型化が進んだのはアウストラロピテクス以降のようである。脳の大型化と言語の発達は共進化の関係にある。

アメリカの進化人類学者のテレンス・W・ディーコンは『ヒトはいかにして人となったか―言語と脳の共進化』（新曜社、一九九九年）で、ヒトの脳を「奇跡的な器官」と呼び「ヒトが言語を使用したことからこの奇跡的な器官ができた」とする。すなわち、言語はヒトの脳の進化のたんなる結果でなく、むしろ主な原因であるというのだ。人間の言語活動をアウストラロピテクスの時代までさかのぼらせる見解もあるが、他方にはアウストラロピテクスやホモ・ハビリスは頭蓋底部の屈曲の計測から言語をしゃべれなかったとする古人類学者の見解もあって、いずれも定説にはなっていない。

人類の起源の解明に当たっては、化石による形質人類学の証拠だけでなく、ＤＮＡ（デオキシリボ核酸）の解読などによる分子人類学の寄与も大きい。カリフォルニア大学バークレー校の分子遺伝学者アラン・ウィルソンと人類学者ヴィンセント・サリッチによる血清中のタンパク質の免疫学的差異の研究をはじめ、その後のミトコンドリアＤＮＡや核ＤＮＡの塩基配列の研究など各種の追試によって、共通祖先をもつヒトとチンパンジーが分岐したのがおよそ七〇〇万年—五〇〇万年前で、化石による形質人類学の年代値と分子人類学の計算値が接近してきているのは興味深い事実である。

ウィルソンの研究室でなし遂げられた仕事のなかでも最大級の業績は、一九八七年に『ネイチャー』誌に発表されたウィルソンとバークリー校の共同研究者である分子遺伝学者のレベッカ・キャンとマーク・ストーキングの「ミトコンドリアＤＮＡと人類の進化」である。それは現代人のすべてが二〇万年—一五万年前にアフリカのたった一人の女性の子孫とみなし得るという驚くべき内容で、聖書に登場するイヴにこと寄せて「ミトコンドリア・イヴ」とか「アウト・オブ・アフリカ」（出アフリカ）と呼ばれ、マスコミを席巻する話題となった。

これまでの形質人類学による化石の資料では、二五〇万年—一八〇万年前に東アフリカと南アフリカでヒト（ホモ）属が出現している。それがさきのホモ・ハビリス、これとも近縁な関係にあるホモ・ルドルフェンシス、さらに最初の原人に位置づけられるアフリカの初期のホモ・エレクトスたるホモ・エルガスターであって、いずれもケニアの東トゥルカナが最初の発見場所である。

現生人類のアフリカ単一起源説をとるアメリカの古人類学者イアン・タッタソールの「共存していた多様な化石人類」（『日経サイエンス』、二〇〇〇年四月号）によれば、東トゥルカナでは一九〇万年―一八〇万年前にボイセイ猿人とホモ・ハビリス、ホモ・ルドルフェンシス、ホモ・エルガスターの複数のヒト（ホモ）属が混在し、おなじ環境のもとで生息していたことが分かっている。これは人類の進化が一直線ではなく、複雑に枝分かれしながらさまざまな種類に進化し、そのなかから現生人類のホモ・サピエンスが登場して、最後に生き残ったことを示す一証拠と言えよう。

そのタッタソールの「人類の祖先は何度アフリカを旅立ったか」（『日経サイエンス』、一九九七年七月号）の見方では、アウストラロピテクス属からホモ・ハビリスとホモ・ルドルフェンシス、ひょっとするともっと多くの種に分岐したが、ホモ・ハビリスかその近縁種の系譜を引くホモ・エルガスターこそ注目すべき種で、ホモ・エレクトスとホモ・サピエンスという双方の祖先種とも考えられる。人類揺籃の地たるアフリカを出て他の地域に移動し始めたのは、『旧約聖書』にはるかに先行する「人類」の「出アフリカ」で、その最初の実行者は原人のホモ・エルガスターないしはその近縁種であって、グルジアのドマニシやジャワや中国に到達していた痕跡もある。

ドマニシ原人の化石は一七五万年前にさかのぼると推定され、ユーラシア大陸の東方のジャワ原人のピテカントロプス・エレクトスは一六〇万年―一一〇万年前、北京原人のシナントロプス・ペキネンシスは一〇〇万年―五〇万年前の化石とされる。しかし、これらジャワ原人や北京原人が東アジアや東南アジアの人類の直接の祖先になったわけではなく、それはのちに第二の「出アフリカ」を敢行したホモ・サピエンスの到来を待たねばならなかった。

ホモ・エレクトスとホモ・サピエンスの中間形態を示すヒトとして、六〇万年―二〇万年前にアフリカで、また五〇万年―二〇万年前にヨーロッパや中国で、原人のホモ・ハイデルベルゲンシスが現われる。このホモ・ハイデルベルゲンシスこそ、二〇万年―三万年前の旧人のホモ・ネアンデルターレンシス（ネアンデルタール人）、並びに、二〇万年―一〇万年前に出現して今日に至る新人のホモ・サピエンス・サピエンス（現生人類）の共通の祖先である。

旧人のネアンデルタール人はヨーロッパから中近東にかけて三〇〇〇体の化石が見つかっているが、アフリカに近い地中海沿岸のレバント地方（今日のレバノン、イスラエル、シリア）では一〇万年前の前後からほぼ六万年もホモ・サピエンスと共存していた。ヨーロッパでもホモ・サピエンスが進入してから一万年近く共存していたが、そのネアンデルタール人もイベリア半島や北西クロアチアの遺体を最後の砦として、二万八〇〇〇年前には姿を消してしまった。

イギリスの古人類学者クリストファー・ストリンガーとロビン・マッキーの『出アフリカ記　人類の起源』（岩波書店、二〇〇一年）によれば、ネアンデルタール人はホモ・サピエンスのようにひょろ長い体形ではなく、丸くずんぐりした体形で頑丈な歯と大きく突出した幅広い鼻を持っていたようだが、厳しい氷河の支配する北国のヨーロッパの環境に適応したかれらは、乏しい太陽光線を目いっぱい取り入れるため、皮膚のメラニン色素が少なく白い肌で青い目の金髪碧眼だったとも言われる。

エリック・トリンカウスとパット・シップマンの『ネアンデルタール人』（青土社、一九九八年）によれば、アメリカの言語学者フィリップ・リーバーマンと解剖学者エドマンド・クレーリンは、ネアンデルタール人の頭蓋から声道を復元して、発音できる母音の種類が限定され会話の能力は十分でなかったと結論し、完全な言語はホモ・サピエンスからだと推定している。

しかし、イギリスの考古学者スティーブン・ミズンが『歌うネアンデルタール』（早川書房、二〇〇六年）

で喝破したように、ネアンデルタール人は言葉はなくとも豊かな感情の持ち主で、幸せ、悲しみ、怒り、嫌悪感、嫉妬、罪悪感、悲嘆、恋といった感情を持ち、その高度なコミュニケーション能力によって氷河期のヨーロッパで二五万年もの長い間生き抜いてきたのである。

近年、人類の言語にかかわる遺伝子FOXP二が発見されたのは、ヒトの全遺伝情報を解読してきたヒトノゲム計画の目覚ましい成果の一つである。全人類がFOXP二遺伝子の最新版を獲得したのは二〇万年前以内のことで、この遺伝子が人類の言語の総仕上げをして言語が完全に現代的になった、という科学ジャーナリストのニコラス・ウェイドの『五万年前』（イーストプレス、二〇〇七年）が紹介しているマックスプランク進化人類学研究所の遺伝学者スバンテ・ペーボの研究は、言語能力の劇的な発達がホモ・サピエンス以来との見解を裏づけるものかも知れない。

ここで、ホモ・サピエンスをめぐる「アフリカ単一紀源説」と「多地域連続進化説」を簡単に見ておこう。まず、一方の「ノアの箱舟」説とも言われる「アフリカ単一紀源説」は、分子人類学によるミトコンドリアDNAの分析を根拠に、現生人類の祖先を二〇万年─一五万年前とする、ウィルソンらバークリー・チームの研究に端を発し、その後のアメリカや日本の分子遺伝子学者たちによるミトコンドリアDNAの分析でも支持された。

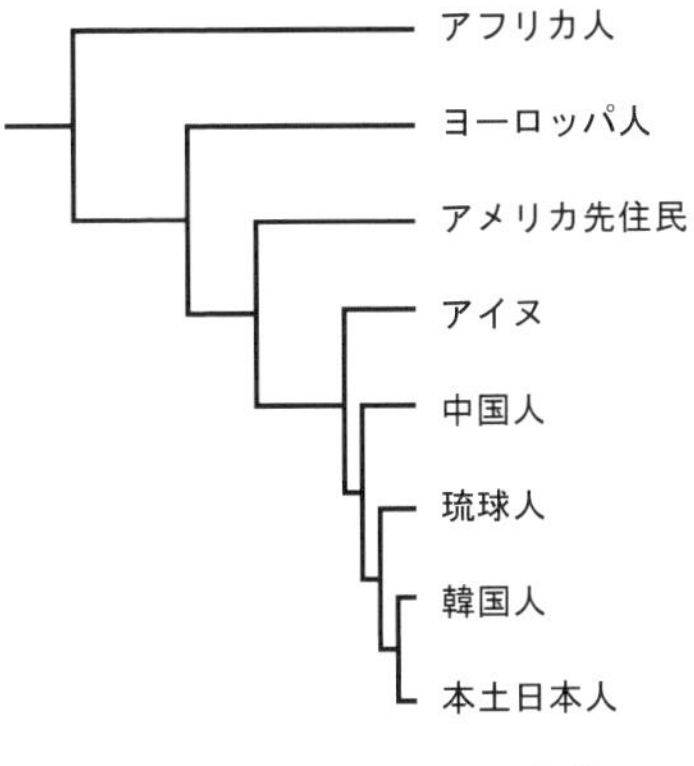


ミトコンドリアDNAの塩基配列による現代人の系統関係
出典：宝来　聡『DNA人類進化学』（岩波書店、1997年）

たとえば、日本の分子遺伝学者の宝来聡たちも、全長一万六五五九塩基のウガンダ人のミトコンドリアDNAの全塩基配列を決定し、これに基づく研究から現代人の共通祖先の上限は一八万年前であった。これはウィルソンらバークリー・チームの最初の推定年代と大差なく、宝来聡は『DNA人類進化学』（岩波書店、一九九七年）で、「これらの結果は、すべての現代人がアフリカの祖先集団に起源するという説―アフリカ単一紀源説を強く支持するものである」と結論づけた。

他方、オーストラリアの古人類学者アラン・G・ソーンやアメリカの古人類学者ミルフォード・H・ウォルポフが主張する「多地域連続進化説」は「枝付き燭台」説とも言われ、現存する唯一の直接証拠の化石を重視し、一〇〇万年以上前にホモ・エレクトスがアフリカから世界各地に広がり、それぞれ地域ごとの環境に適応しながら進化し、今日の多様な地球上の諸民族が形成されたと考える。

しかし、科学の世界は日進月歩である。分子人類学による「アフリカ単一紀源説」と形質人類学による「多地域連続進化説」の二つの間の論争の軍配は、前者の「アフリカ単一紀源説」に上がったと言えよう。分子人類学の分野では、母系遺伝のミトコンドリアDNAの分析が、父系遺伝のY染色体の分析でも裏づけられ、両者の分析でほぼ同じ結果が得られるようになった。その結果、現生人類のホモ・サピエンスは二〇万年前から一〇万年前にアフリカで誕生した単一種であることが、いまでは周知の事実となったのである。

アメリカの集団遺伝学者スペンサー・ウェルズの『アダムの旅』（バジリコ、二〇〇七年）によれば、スタンフォード大学のカヴァーリ＝スフォルツァの研究室にいたアメリカの分子遺伝学者ピーター・アンダーヒルのグループは二〇〇〇年に発表した衝撃的な論文において、父系遺伝のY染色体のルーツがアフリカで、その共通祖先の推定年代が一四万年―四万年前であることを明らかにした。この

Y染色体による「アダム」の推定年代はミトコンドリアDNAによる「イヴ」の推定年代より八万年以上あとだったが、いずれにせよ現生人類のアフリカ発祥を確認するデータであることは間違いない。

それゆえ、フランシス・クリックとともにDNAの二重らせん構造の発見者として有名なアメリカの分子生物学者ジェームズ・D・ワトソンがアンドリュー・ベリーとの共著『DNA』（講談社、二〇〇三年）で、「人類の歴史を同じようなものとして描き出す独立したデータがふたつあれば、説得力はきわめて大きい。…同じ変化のパターンがゲノム上の別々の領域で見つかったとすると、それは過去の大きな出来事の遺伝的足跡である可能性が高い」、と評価したのも当然だろう。

さて、古色蒼然とした時代遅れのヘーゲルの「世界史」の「史観の拡張」と称する吉本隆明の「アフリカ的段階」の虚像と手を切って、形質人類学と分子人類学の最新の科学が解明した「アフリカ」におけるヒト（ホモ）属の出現、並びに、そのホモ属の原人と新人の二度にわたる「出アフリカ」の実像のあらましを見てきた。ここまできたのだから、「出アフリカ」で全地球に移動し拡散していったホモ・サピエンス・サピエンス、つまり、現生人類の日本列島への到達までのその後の足跡もこのさい見ておくとしよう。

## 日本人の起源と南島論の破産

イギリスの古生物病理学者のアリス・ロバーツの『人類二〇万年　遥かなる旅路』（文藝春秋、二〇一三年）は、現生人類たるホモ・サピエンス・サピエンスの最古の化石は一九万五〇〇〇年前のエチオピアにさかのぼるとする。一方、分子人類学は現生人類の誕生をミトコンドリアDNAの分析から二〇万年から一四万年、Y染色体の分析から九万年前と推定しているが、これらを総合して二〇万年前に現生人類がアフリカに現われたことは疑いないと思われる。

現生人類たるホモ・サピエンス・サピエンスは、第二の「出アフリカ」によってアフリカを出たあと、一一万年前後にイスラエルのカフゼーやスフールに足跡を残し、それから五万年かけて中近東から北のヨーロッパや東の中央アジア、さらには東アジアや東南アジアに広まり、海を渡ってオーストラリアやタスマニアに進出したにとどまらず、氷河時代に陸続きだったベーリング海峡を経由して、アラスカから新世界の北アメリカや南アメリカにまで到達した。

「出アフリカ」の提唱者であるイギリスの自然人類学者のクリストファー・ストリンガーが『出アフリカ記　人類の起源』で書いているように、その長旅は「あらゆる人類の旅の中でも最も大がかりなものだった」。そのヨーロッパに渡ったホモ・サピエンスはクロマニオン人の名で知られ、一万七〇〇〇年前のフランスのラスコーや一万五〇〇〇年前のス

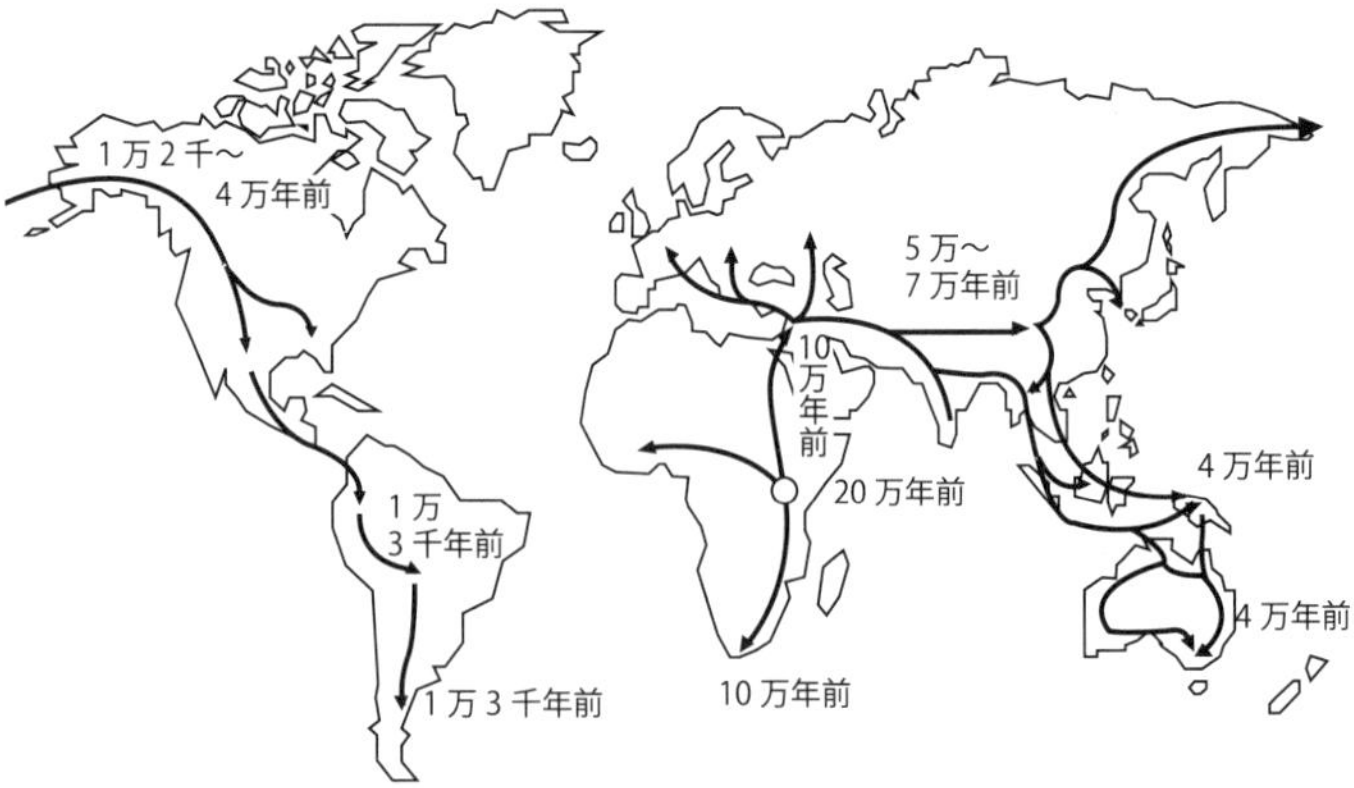


「出アフリカ」後の現生人類の３つの移動ルート
出典：尾本恵市『分子人類学と日本人の起源』（裳書房、1996年）

ペインのアルタミラに代表される見事な洞窟壁画を残した。それに劣らず注目すべきは、言語能力の劇的な発達と行動能力の拡大であろう。

アフリカからの旅立ちの原因については、二〇万年前から一三万年前にかけての全地球的な寒冷期とこれに引き続く気象と生態系の変化が挙げられるとする。ネアンデルタール人など先行する人類よりも優れたハンターだったホモ・サピエンス・サピエンスが、大型哺乳類などを追って諸大陸に広がっていったとも考えられている。

分子生物学者の崎谷満は『DNAでたどる日本人一〇万年の旅』（昭和堂、二〇〇八年）で、Y染色体によるDNA多型分析のデータから、六万八五〇〇年前に「出アフリカ」を果たしてユーラシア南部に達した現生人類が、南、北、西の三つのルートで広がり、現在の全世界的なヒト集団の分布につながっていったことを明らかにしている。

その「出アフリカ」の三系統の末裔が日本列島で、いまでも認められるのは全世界的にも非常に珍しく、旧石器時代から新石器時代にかけてのヒト集団のDNAの多様性が高いレベルで維持されているが、これは日本列島のさまざまな環境条件からして、「ユーラシア大陸東部で敗者となったさまざまなヒト集団がそれぞれ生き延びることができたのではないか」というのだ。

日本列島の先住民とベーリング海峡を経由したアメリカの先住民は、いずれもアフリカ起源の共通の祖先から枝分かれしたものである。ペーボとウィルソンの分析による七〇〇〇年前のミイラ化した北アメリカの先住民のミトコンドリアDNAの塩基配列は、宝来聡の分析による現代日本人の一部の塩基配列と共通するタイプで、いずれも遺伝的に共通基盤を持っていたことがDNAレベルで証明された。

さきの『DNA人類進化学』の宝来聡によるミトコンドリアDNAの集団間の遺伝距離の解読から、アメリカ先住民と分岐した東アジアの五集団では、まずアイヌが最初に枝分かれし、つぎに中国人が枝分かれし、続いて琉球人が枝分かれし、最後に韓国人と日本人が緊密なグループとして分岐してくることが分かっている。

これはべつの研究者によるミトコンドリアDNAのハプログループの分析で北海道の縄文人とアメリカ先住民のつながりが証明され、ヒト白血病抗原（HAL）の遺伝子群の分析からも縄文人の遺伝的特性をよく残しているアイヌ人が中南米先住民の先祖に近く、さらにまた、日本人のもつ成人T細胞白血病ウィルス（HTLV－I）が南米先住民にも高率で温存されているといったことと合わせて、これまで唱えられていた先史日本人とアメリカ先住民の近縁性を裏付けるデータといえる。

宝来聡の分析では、本土日本人の遺伝子プールの大部分は弥生時代以降のアジア大陸からの渡来人に由来するもので、その割合は六五パーセントであった。すなわち、本土日本人は縄文系と渡来系の遺伝子の割合はほぼ一対二の割合で合わせ持つことになり、日本人の起源に関する渡来説ないしは混血説を支持する結果となった。アイヌと琉球人が縄文人の直系の子孫として、ある程度の遺伝的な近縁性はあるが、両者の分岐は一万二〇〇〇年前で、弥生期の移住が始まったころには別々の集団として存在していたようだ。

日本人の起源をめぐっては大きく二つないしは三つの仮説がある。第一の仮説は、縄文人がそのまま弥生人や古墳人に移行し、それが小進化して本土の日本人になったとする変形説ないしは転換説である。第二の仮説は、縄文人が大陸から移住してきた渡来系の弥生人と混血し、その子孫が本土の日本人になったとする混血説ないしは渡来説である。第三の仮説は、先住系の集団が本土で渡来系の集団によってすっかり置き換わったとする置換説で、いわゆる石器時代人（現在でいう縄文時代人）を現代日本人とは別個の人種と考える明治時代の人類学者の小金井良精の「アイヌ説」や坪井正五郎の「コロポックル説」もこれに含まれるであろう。

近年、ウィルス学というユニークな視点と方法から日本人の起源について問題を提起したのはウィルス学者の日沼頼夫で、成人T細胞白血病の原因となるATLウィルス（現在はHTLV‐Iという）の保有者（いわゆるキャリア）の地理的分布から、このATLウィルスのキャリアの先祖をなす日本の先住民、および、ノン・キャリアたる渡来人の共存と混血を主張したのである。

すなわち、日沼頼夫はその研究結果を踏まえて、『ウィルス物語』（中公新書、一九八六年）や『ウィルスと人類』（勉誠出版、二〇〇二年）で、ATLウィルスのキャリアの集団として北海道のアイヌと琉球人は日本の先住民で古モンゴロイドに属し、あとで大陸から渡来し和人となった新モンゴロイドのノン・キャリアの集団は北や南へと進んで勢力を拡大し今日の日本人の主流を形成するようになったとするが、和人との混血や交流が十分に進まなかった辺境や離島の過疎地域ではキャリアの先住民が比較的純粋に残っているというのだ。

崎谷満が『DNAが解き明かす日本人の系譜』（勉誠出版、二〇〇五年）で書いているように、今日モンゴロイドという言葉は白人中心主義の人種的偏見を助長しかねない仮説として科学的にしりぞけられているが、それはともかく、ウィルス学からの日沼頼夫の問題提起はDNA多型分析という最新の方法によるY染色体亜型の研究によっても裏付けられている。

自然人類学者の植原和郎が『日本人の起源』（増補版）（朝日新聞社、一九九四年）や『日本人の骨とルーツ』（角川書店、一九九七年）で提唱した「二重構造モデル」は、有力な渡来説ないしは混血説の一つで、現在の日本人が少なくとも二つの要素から成り立っていると考えた。

すなわち、少なくとも二万年前から東南アジアの旧石器時代人が日本列島にやってきて日本人集団の基層をなす縄文人となり、縄文時代（一万二〇〇〇―二三〇〇年前）の末期から弥生時代（二三〇〇―一七〇〇年前）にかけて、北東アジアの新石器時代人たる弥生人の大量の渡来が奈良時代末の七世紀ごろまでほぼ一〇〇〇年間も続き、北部九州から近畿ひいては東日本にも進出して縄文人と徐々に混血していったが、その渡来集団との混血の影響が強く及ばなかったアイヌと琉球人に縄文人の体質が色濃く残ったとする。

これに対して、ペンシルベニア州立大の集団遺伝学者の根井正利はタンパク質多型の遺伝子座による系統分析から、アイヌ・琉球人・本土日本人のいずれも北東アジア起源だとの考えを唱え、縄文人の東南アジア起源と「二重構造モデル」を否定した。日本人の祖先は約三万年前の旧石器時代以降に北東アジアから日本にやってきたが、この北東アジアからの流入は日本列島がアジア大陸と最終的に分離した一万二〇〇〇年前まで続き、アイヌと本土日本人は縄文時代の初期に分岐し、琉球人は比較的最近に本土日本人の祖先系列から枝分かれしたとする（前掲宝来『ＤＮＡ人類進化学』、および、佐原真／田中琢編『古代史の論点』六『日本人の起源と地域性』、小学館、一九九九年参照）。

国際日本文化研究センターの人類学者の尾本恵市が国立遺伝学研究所の遺伝学者の斎藤成也との共同研究で、多型性遺伝子座の遺伝子頻度のデータをもとに新たな方法で遺伝距離を算出し、アイヌ・琉球人・本土日本人・コリアンの四集団の系統関係を検討した結果、アイヌと琉球のグループが遺伝的に同系で、本土日本人とコリアンのグループと対照をなしているとした。この研究結果から、尾本恵市は『分子人類学と日本人の起源』（裳華房、一九九六年）で、アイヌも琉球人も縄文人ないしはその祖先の原日本人に由来し、本土日本人は大陸からの渡来人の影響を強く受けた集団であるとの考えを支持しているが、植原和郎の「二重構造モデル」それ自体は基本的に正しいとしつつも、縄文人の東南アジア起源は否定して北東アジアから渡来したとの見方である。

日本や周辺の諸国の古人骨のDNA解析を進めて日本人の起源を追求している篠田謙一も『日本人になった祖先たち』（NHK出版、二〇〇七年）で、ミトコンドリアDNAを用いた比較から、現代日本人は基本的に北方系の遺伝的要素を持ち、縄文人を南方系集団だと位置づけるのは困難とする、他の遺伝子を用いた研究と同一の結論に達している。ただ、本土の日本人集団はおおむね朝鮮半島や中国東北部の集団に似たミトコンドリアDNAの構成だが、男性の歴史を反映するY染色体DNAは大きく異なっている。これは歴史時代以降の大陸と日本でのY染色体DNAのふえ方に違いがあったことに起因し、縄文・弥生移行期の状況が基本的に平和のうちに推移したことを示唆するものではないかというのだ。

分子人類学者の崎谷満は『新日本人の起源』（勉誠出版、二〇〇九年）で、形質人類学による「二重構造モデル」が科学的仮説としては過去のものになったと総括している。その論拠は、①「縄文人」「弥生人」はべつの人種とする前提が、アフリカ単一起源の同一種とする分子人類学によって崩れた②後期旧石器時代から新石器時代にかけて日本列島に流入したヒト集団は多様で、「縄文人」も「弥生人」も単一ではない③後期旧石器時代集団、新石器時代集団、水稲農耕開始集団のいずれも北方系で、「縄文人」の南方由来説は成り立たない④二重構造モデルによるアイヌ・琉球同祖論も誤りで、アイヌ民族と琉球民族はそれぞれべつの実体をもつ別集団である⑤二重構造モデルで九州や西日本で「縄文人」が「弥生人」によって駆逐され、ヒト集団の置き換えが起こったとする説は否定され、水稲農耕開始期における新規流入集団は少しずつほそぼそと九州に渡ってきたとする⑥農耕は「弥生人」だけに独占されるものではなく、日本語も先住系集団に温存された言語に由来し、新たに「弥生人」が持ち込んだものではない、の諸点にまとめられる。

平朝彦の『日本列島の誕生』（岩波新書、一九九〇年）や百々幸雄編『モンゴロイドの地球』第三巻『日本人のなりたち』（東大出版会、一九九五年）などを参考にすると、この時期に日本海はほとんど閉鎖状態で、日本列島は西の方では対馬海峡と朝鮮海峡が朝鮮半島やアジア大陸と陸続きとなり、また北の方では宗谷海峡と間宮海峡が樺太やシベリア東部と陸続きであった。その後、氷河の後退で海水面が上昇に転じ、日本列島を大陸と結ぶのは北の陸橋のみとなったが、最終氷期が終わる一万年前にはこれも消滅し、対馬暖流が日本海に流入するようになって、日本海をはさんで大陸から切り離された今日の日本列島の姿となる。

ところで、吉本隆明は一九八九年の沖縄におけるシンポジウムの記録『琉球弧の喚起力と南島論』（河出書房新社、一九八九年）の「南島論序説」で、日沼頼夫のＡＴＬウィルスのキャリアーの分析などを紹介しながら、北海道のアイヌと琉球人が本土日本人の主流に先行する先住民だとする、さきにわたしも見てきた分子人類学のデータを持ち出して、これを「天皇制の基盤なるものを崩していく」かれの「南島論」の補強材料としている。

むろん、ウィルス言語やＧｍ遺伝子言語のデータを参考にしたのは、万事非科学的で独断先行の吉本隆明にとって一歩前進には違いない。しかし、体内言語の一つであるＡＴＬウィルスのキャリアーが北海道のアイヌ人の四五・二パーセント、沖縄の八重山諸島の三三・九パーセントに比べて、古代の中心だった近畿で一・〇パーセントであることをもって、「天皇制の根拠」としていることからも明らかなごとく、吉本隆明は分子人類学のデータを天皇制や国家といった歴史学の領域にそのまま持ち込む愚を侵している。これは巻尺で重さを量るようなものである。

形質人類学であれ分子人類学であれ人類学は歴史学とジャンルを異にすることくらい、わきまえておくべきであった。人類学のデータから、こちらがより古層だから「天皇制の基盤」を「掘り崩せる」などと考えたら、まったくもって笑止千万の話である。人類の遺伝子うんぬんの話が天皇制や国家のような歴史的な形成物に適用できないことは明らかではないか。せっかく科学のデータを持ち出しながら、吉本隆明はその処理と解釈を完全に誤ったのである。

なるほど、分子人類学による人類学的データは、琉球人が本土日本人より古層に位置することを示している。しかし、そんなことを言うなら、アフリカ単一起源説を取る分子人類学の見地からは、本土日本人の古層にも琉球人の古層と同様、「出アフリカ」後の現生人類の共通のルーツがあるわけで、「出アフリカ」後の枝分かれが本土日本人より琉球人の方が少し早いというだけのことである。

繰り返すが、「アフリカ的段階」といった概念自体、人類学的見地からは原人であれ新人であれ、「出アフリカ」以前のヒト（ホモ）属を指す以外には、およそ適用の仕様がないのである。こうした言葉や概念は人類学と区別される歴史学の分野に存在するわけがなく、あくまでヘーゲルもどきの世界史の大ブロシキから吉本隆明がデッチ上げたところの、つまり手製の造語による独り善がりの概念にすぎなかった。

吉本隆明が『情況』の「異族の論理」で日琉同祖論や祖国復帰論の限界を指摘したのは、一九七〇年に前後する当時としては一理あったが、近年のアフリカ単一起源説の人類学的見地から日琉同祖論が間違っていなかったことが分かる。のみならず、吉本隆明が琉球の古歌謡『おもろそうし』を「宗教味をふくんだ土謡調くらいの意味しかもっていやしない」などと見下し、沖縄学の研究者を十束一絡に攻撃したのは、沖縄のジャーナリスト新川明が『反国家の兇区』（現代評論社、一九七一年の「「非国民」の思想と論理 ― 沖縄における思想の自立について」）で異を唱えた通りで、わたしに言わせれば自惚れもはなはだしい不当かつ傲岸な思い上がりであった。

こうした吉本教祖の断言口調による馬鹿げた託宣と裏腹に、島尾敏雄は『ヤポネシア序説』（創樹社、一九七七年）の「ヤポネシアと琉球弧」で、ある出版社が企画した日本の思想全集のなかに『おもろそうし』が入っているのを見て、「目の覚める思い」をしたと書いている。むろん、伊波普猷のような先学の仕事だけでなく、たとえば小野重朗の『南島歌謡』（日本放送出版協会、一九七七年）や『南島の古歌謡』（ジャパン・パブリッシャーズ、一九七七年）、あるいはまた、谷川健一の『南島文学発生論』（思潮社、一九九一年）などをすぐれた手引きとして接近していけば、南島文学の宝庫の世界が目の前に広がってくるだろう。とりわけ、わたしは小野重朗の『南島の古歌謡』の「オモロに見る海洋文学の展開」に目を開かされた。

吉本隆明の「南島論」のモチーフが、『情況』のいわゆる「弥生式文化の成立期から古墳時代にかけて、統一的な部族国家を成立させた大和王権を中心とした本土の歴史を、琉球・沖縄の存在の重みによって相対化する」（「異族の論理」）、あるいはまた、『敗北の構造』（弓立社、一九七二年）でいう「天皇制国家以前の、国家の本質が、沖縄とか琉球とかにはあるので、だからそこで問題を立てていけば、天皇制国家の歴史は根底からくつがえすことができる理論的根拠がえられないことはない」（「宗教としての天皇制」）、にあったことをわたしは否定するものではない。

そこから、『敗北の構造』の「南島論」のような、天皇の世襲大嘗祭と沖縄のノロと呼ばれる巫女の最高位にある聞得大君《きこえのおおぎみ》の継承儀礼を比較検討する吉本隆明の仕事も出てくるし、それがまったく無意味とは考えないとしても、そうした儀礼や祭儀でより古形が南島に存在するからといって、「天皇制の根拠」を「堀り崩し」たことにはならないだろう。それはＤＮＡやウィルス言語のような遺伝子の古形が南島に存在することをもって、「天皇制の根拠」の「掘り崩し」と言い張る、吉本隆明の人類学と歴史学を混同した巻尺で重さを量る場違いな比較も同様である。

いずれにせよ、『琉球弧の喚起力と南島論』に至って、一方で「南島論の基層」を「アフリカ的段階」まで掘り下げ、他方で「那覇市」が「世界都市」になることによって、「アジア的段階」たる「天皇制国家」を「相対化」し「無化」できるなどと主張したことは、吉本隆明の「南島論」が分子人類学でつまづくとともに、都市再開発のバブルではじけたことを意味する。これが〝バブルの宴〟のあとの掛け値のない〝南島論の末路〟である。

これに比べれば、大陸にぶら下がる窮屈な日本のイメージを脱して、太平洋のポリネシア、ミクロネシア、メラネシア、インドネシアの島々に連なる日本列島や琉球列島を「もう一つの日本」の「ヤポネシア」として見直すことを提唱した、島尾敏雄の「ヤポネシア論」（前掲『ヤポネシア序説』のⅠ「〈ヤポネシア〉の発端」）は、近年の人類学的見地に照らして見ても興味深く、いまもヴィヴィッドにわたしたちに問いかけるものを持っている。

# あとがき

本書は少なからぬ人に日本の戦後思想の神と崇められてきた吉本隆明とそのエピゴーネン中沢新一の徹底した脱神秘化と脱神話化の試みである。それはさきに刊行したわたしの『知の虚人・吉本隆明』（編集工房朔発行、星雲社発売、二〇一三年）の続編に当たる。といっても、これは独立した著作であるから、『知の虚人・吉本隆明』を読まなくとも、これはこれで単独で読めるはずである。

前著は吉本隆明が人気を博し、いまだ熱心なシンパたちがそのノスタルジアに捕われている初期の「自立の思想」「大衆の原像」「共同幻想」を徹底的に批判したものだが、本書は吉本隆明の第二バイオリンたる中沢新一編『吉本隆明の経済学』、および、中沢が絶賛した後期の吉本隆明の『ハイ・イメージ論』を解体構築し、その批判の矢は吉本の空っぽの歴史思想と政治思想、お得意の「アジア的」「アフリカ的段階」「南島論」の解体構築にまで及んだ。経済学どころの話ではない。

本書の第一部「亡きグルのためのパヴァーヌ」は中沢新一編『吉本隆明の経済学』を一読し、そのあまりのひどさに呆れて、とりいそぎわたしの公式ホームページ「土井淑平　活動と仕事」（http://actdoi.com）に一挙掲載したものを草稿とした。第二部「バブルに浮かれた亡きグルの語り」は、中沢新一が絶賛した『ハイ・イメージ論』を中心に、吉本隆明の後期の主著のテーゼを解体構築した書き下ろしだが、前半後半を通していずれも新たな書下ろしと考えていただいていい。

序文でも書いたように、本書をもって、オウム真理教と原発の擁護で転び自ら墓穴を掘った日本の戦後批評家の吉本隆明、および、その追随者の中沢新一への批判は終わった。それがロマン主義とノスタルジアの追憶に囚われて、ジリジリダラダラと続いた牛のイバリのごとき、日本の神がかりの戦後思想へのパロディをもってする決別の辞、すなわち、神がかりの覆いを剝ぐ脱神秘化と脱神話化の産物でもあることは、あらためて繰り返すまでもない。この酔いざましの書をもって、過去の遺物には朗らかに笑って別れを告げたいものだ。

【著者プロフィル】

## 土井淑平（どい・よしひら）

鳥取市生まれ。早稲田大学政治経済学部卒。政治思想専攻。元共同通信記者。市民活動家。ウラン残土市民会議運営委員。さよなら島根原発ネットワーク会員。

四日市公害（1960年代）、川内原発建設反対運動（1970年代）、青谷原発立地阻止運動（1980年代）、人形峠周辺ウラン残土撤去運動（1980年代～2000年代）などに取り組む。

著書に、『反核・反原発・エコロジー ― 吉本隆明の政治思想批判』（批評社、1986年）、小出裕章との共著『人形峠ウラン鉱害裁判』（批評社、2001年）、『原子力マフィア ― 原発利権に群がる人びと』（編集工房朔発行、星雲社発売、2011年）、『放射性廃棄物のアポリア ― フクシマ・人形峠・チェルノブイリ』（農文協、2012年）、『原発と御用学者 ― 湯川秀樹から吉本隆明まで』（三一書房、2012年）、『知の虚人・吉本隆明 ― 戦後思想の総決算』（編集工房朔発行、星雲社発売、2013年）、『フクシマ・沖縄・四日市 ― 差別と棄民の構造』（編集工房朔発行、星雲社発売、2013年）など。

歴史評論として、『都市論〔その文明史的考察〕』（三一書房、1997年）、『アメリカ新大陸の略奪と近代資本主義の誕生』（編集工房朔発行、星雲社発売、2009年）、『終わりなき戦争国家アメリカ』（編集工房朔発行、星雲社発売、2015年）。

〔公式ホームページ〕http://actdoi.com

# 中沢新一と吉本隆明　亡きグルのためのパヴァーヌ

2016年９月16日　第１版第１刷発行

著　者　　土井淑平
発行者　　田村仁美
発行所　　綜合印刷出版株式会社
〒680-0022 鳥取市西町1丁目215番地
TEL 0857-23-0031　FAX 0857-23-0039　E-mail：info@sogoprint.com
発売元　　株式会社 星雲社
〒112-0005 東京都文京区水道1-3-30
TEL 03-3868-3275
組　版　　前田美佐恵／田中佑樹
印刷・製本　　綜合印刷出版株式会社


ISBN978-4-434-22471-3　C0095
＊定価はカバーに表示してあります
＊落丁本・乱丁本はお取替えいたします

綜合印刷出版の 土井淑平 著の続刊（発売・星雲社）

民主主義の歴史的考察
―古代ギリシアから現代アメリカまで

土井 淑平 著

10月刊

脱原発と脱基地のポレミーク

土井 淑平 著

12月刊